EDELKOMPOST-FIBEL

*Damit wir nicht
im Müll ersticken,
wertvolle Rohstoffe
nicht vergeuden
und die Umwelt
nicht belasten,
wird Kompostieren
zur Pflicht!*

© Günter Albert Ulmer Verlag, 1993
Postfach 40, Hauptstraße 16
78609 Tuningen

Text,
Umschlaggestaltung,
Layout, Grafiken,
G. A. Ulmer

Druck: Konkordia Druck GmbH, 77815 Bühl

ISBN 3-924191-66-2

*Mein besonderer Dank gilt Frau Sabine Finke,
der Kompostberaterin bei der Stadt Villingen-Schwenningen,
und Herrn Reinhold Bantle, dem bekannten Umwelt-, Wald-
und Vogelschützer aus Oberndorf-Hochmössingen,
für ihre Anregungen und ihren Beitrag zu diesem Buch.*

G. A. Ulmer

Naturgerechte Abfallverwertung

Edelkompost-Fibel

Natürlicher
Recycling-Prozeß

Optimale
Humuserzeugung

Gesunder Boden - Gesunde Pflanzen
Gesunde Menschen

 Günter Albert Ulmer Verlag · Tuningen

Inhaltsverzeichnis

Die Ökosystem-Pyramide

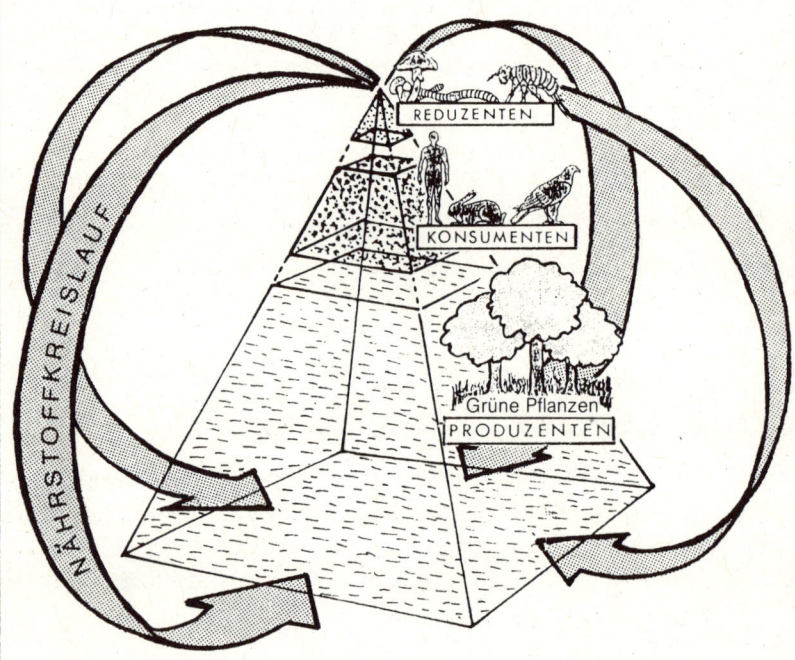

Das wichtigste Glied in der Nahrungskette sind die Primärproduzenten (Pflanzen). 90 % der menschlichen Gesamternährung werden durch Pflanzen gedeckt. Die zersetzenden Mikroorganismen sind notwendig, um den Nährstoffkreislauf auf unserer Erde aufrecht-zuerhalten.

Quelle: Pflanzen, Gradmesser der Umwelt, Bundesmin. für Ges. und Umweltschutz, Wien

Naturgerechte Abfallverwertung

In der Natur finden wir eine Vielzahl von Lebensräumen, sogenannte Biotope, mit den dazugehörigen Lebensgemeinschaften (Biozönosen), die zusammen jeweils ein Ökosystem bilden. Es gibt verschiedene Arten von Ökosystemen. So stellen Wald, Wiese, Garten, Feld, Fluß, See, Teich, Moor, Meeresküste usw. einzelne Ökosysteme dar.

Die verschiedenen Ökosysteme, die aus dem Zusammenwirken von Boden, Wasser, Klima, Pflanzen und Tieren bestehen, sind ein ganz wesentlicher Teil unserer Mitwelt. Nur durch sie ist die Sicherung des Naturhaushalts und unsere Lebensqualität möglich.

Bei allen natürlichen Vorgängen erkennen wir Kreisläufe, ohne die die Natur nicht funktionieren kann. Innerhalb dieser Kreisläufe wird auch der Abfall so umgewandelt, daß er wieder zur Grundlage neuen Lebens wird.

Durch die Rückführung der Rohstoffe in den Kreislauf nimmt die Menge der für das Leben vorhandenen Rohstoffe an sich nicht ab, denn bei einem geschlossenen Stoffkreislauf heben sich die mit der „Produktion" und der „Recyclierung" verbundenen Vorgänge auf. Unter solchen Bedingungen konnten zum Beispiel Waldökosysteme über Jahrtausende existieren und in jeweils 20 Jahren ihr eigenes Gewicht an pflanzlichem Material neu bilden.

Der Aufbau eines Ökosystems besteht aus Produzenten, Konsumenten und Reduzenten. Produzenten sind Erzeuger organischer Stoffe, es sind in erster Linie die grünen Pflanzen. Bei den Konsumenten unterscheidet man Konsumenten erster Ordnung, das sind Verbraucher, die sich hauptsächlich von Pflanzen ernähren, und Konsumenten zweiter Ordnung, die sich überwiegend von Fleisch ernähren. Die Reduzenten sind Zersetzer, die Reste von Organismen abbauen und wieder in ihre Grundbestandteile überführen. Diese dienen dann den Produzenten (Pflanzen) wieder als Nährstoffe. Reduzenten sind unter anderem Würmer, Bakterien, Algen, Einzeller und Pilze.

In einem natürlichen Ökosystem wird unter möglichst guter Ausnutzung der Sonnenenergie reichlich Nahrung für die Zersetzer produziert, die für eine vollständige Recyclierung (Wiederverwertung) innerhalb des Ökosystems sorgen. Auf diese Weise ist der Regelkreis der Natur geschlossen.

Ein Ökosystem zeichnet sich besonders dadurch aus, daß sich die verbrauchten Stoffe regenerieren. Betrachten wir als Beispiel die Photosynthese: die grünen Pflanzen liefern für alle Lebewesen Sauerstoff zum Atmen, die Lebewesen wiederum atmen Kohlendioxid aus, das die grünen Pflanzen benötigen. Der „Abfall" des pflanzlichen Lebens ist die Grundlage des tierischen und menschlichen Lebens und der „Abfall" des tierischen und menschlichen Lebens dient den Pflanzen.

In den Ökosystemen ist der Stoffwechsel so perfekt, daß fast nichts aus dem natürlichen Kreislauf ausgegliedert wird. Jeder Vorgang

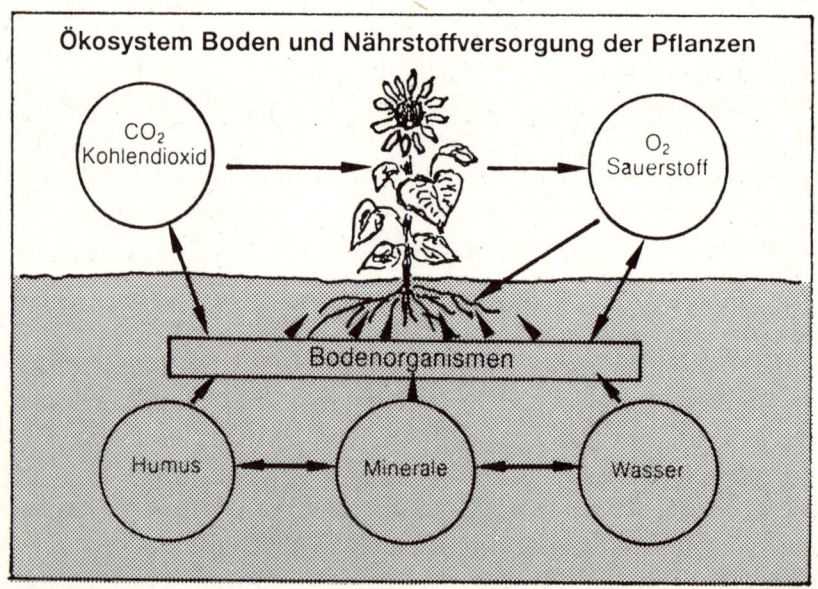

geschieht in einer dezentralen Wechselwirkung. Hierin besteht das Regulativ für ein ausgewogenes Gleichgewicht.

Wird der Kreislauf allerdings gestört, weil die verbrauchten Stoffe nicht mehr ersetzt werden, geht die Fähigkeit zur Selbstregulation und zur Regenerierung verloren; es tritt eine Verarmung ein. Werden die ökologischen Gegebenheiten nicht mehr erfüllt, kann das Leben sogar nach einer gewissen Zeit langsam erlöschen.

Die Vegetation des organischen Lebens auf der Erde hängt allein von der oberen Bodenschicht, die etwa 20 bis 30 Zentimeter tief ist, ab. Sie wird auch als Muttererde bezeichnet. Diese Bodenschicht wird ständig abgebaut und muß daher mit gleichwertigen Stoffen wieder ersetzt werden.

Dieser Ausgleich kann durch verschiedene Methoden erfolgen. Entweder durch künstliche Mineral-Düngung, die aber für die Dauerfruchtbarkeit des Bodens und auch für das Grundwasser enorme Nachteile bringt. Auch durch organische Düngung (Oberflächendüngung, Gründüngung, Mist, Jauche usw.) und durch die optimale natürliche Humus-Düngung durch gut verrotteten Kompost.

Neben Wärme, Licht, Luft und Wasser benötigen Pflanzen auch Stickstoff, Phosphat, Kali, Kalk, Magnesium und viele Spurenstoffe. Viele Nährstoffe werden über das biologisch aktive Bodenleben mineralisiert und für die Pflanzen aufnehmbar gemacht. Da Pflanzen diese Stoffe dem Boden entziehen, müssen diese Stoffe dem Boden wieder zugeführt werden, damit auf die Dauer keine Mangelerscheinungen auftreten. Dies wird am besten und am schnellsten mit Kompost erreicht, bei dessen Zersetzung durch Mikroorganismen die wertvollen Nährstoffe langsam freigesetzt werden und den Pflanzen wieder zur Verfügung stehen.

Einige Millionen Kubikmeter Kompost pro Jahr ließen sich aus dem deutschen Hausmüll gewinnen. So würden große Mengen von den immer knapper werdenden, natürlichen Rohstoffen, die bislang auf dem Müllberg landen und damit verlorengehen, dem Naturkreislauf wieder zugeführt. Durch die Kompostverwendung kann auch jeglicher Torfverbrauch wegfallen und das bedenkliche Verschwinden

Die Kette Boden–Pflanzen–Tiere–Menschen wird als ein zusammengehöriges Ganzes verstanden

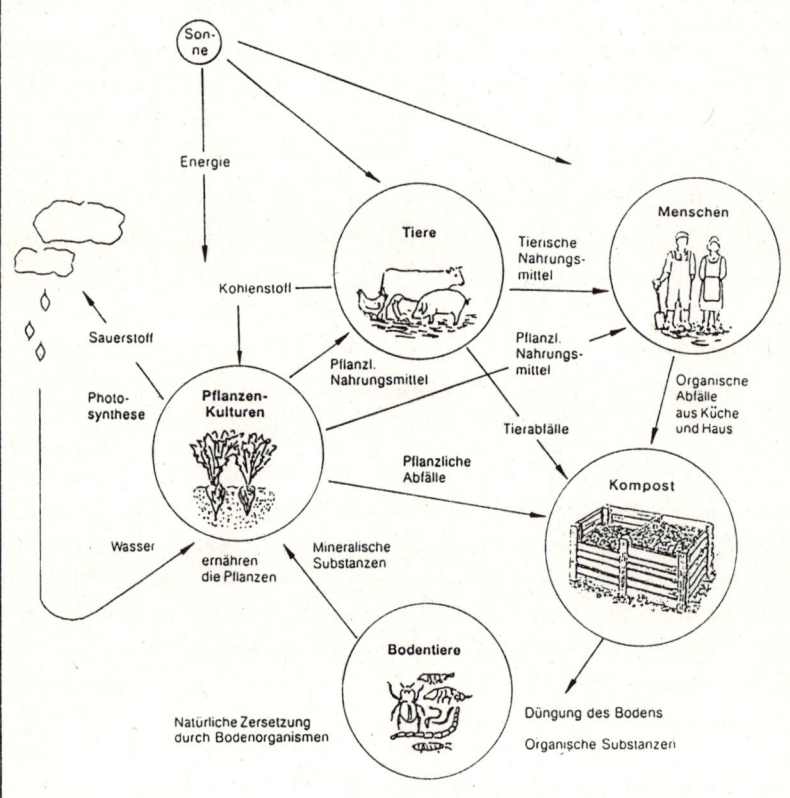

Grundlage des Nahrungskreislaufes zwischen Pflanzen, Tieren und Menschen, abhängig von der natürlichen Bodenfruchtbarkeit

unserer letzten Moore deutlich eingeschränkt werden. Die erzeugte Menge Kompost ist dann ausreichend, um den derzeit jährlichen Verbrauch von etwa 10 Millionen Kubikmetern Torf überflüssig zu machen.

Mit der Abtrennung der organischen Bestandteile des Mülls – dies sind immerhin 40–50 % – kann auch wertvoller Deponieraum eingespart werden. Die „Ressource Mülldeponie" ist nicht unerschöpflich, und bereits für die nächsten Jahre werden ernsthafte Engpässe erwartet. Der Anteil des sogenannten Naßmülls (hauptsächlich Küchenabfälle) an der Müllmenge liegt je nach Siedlungsform und Jahreszeit zwischen 25 und 45 %. Frühzeitiges Aussortieren des Naßmülls macht den Restmüll wesentlich sortierfähiger. Er kann damit kostengünstiger recycelt werden; durch Entzug der Feuchtigkeit werden die Mülldeponien vom Sickerwasser entlastet, und somit wird das Grundwasser geschont.

Wer Müll nicht beim Entstehen in der Küche trennt, schafft es später nicht mehr. Nur wenn an Ort und Stelle sortiert wird, fallen die umweltbelastenden Transporte und Technikfolgen weg und der Naßmüll kann, statt die Umwelt zu belasten, für die Umwelt sehr nützlich sein. Die Frage der Müllentsorgung ist für uns alle ein lebenswichtiges Problem und für die Zukunft von entscheidender Bedeutung. Jeder Mensch trägt seinen Teil der Verantwortung, nicht nur Konsument sondern auch Produzent zu sein.

Kompostieren heißt, alle organischen Abfälle aus Küche, Haushalt und Garten einem natürlichen Rottevorgang zu unterziehen, bis aus den Abfallstoffen reiner Kompost geworden ist. Kompost ist wertvoller Pflanzennährstoff, den wir der Natur, nach den Gesetzen des Kreislaufs, zurückzugeben schuldig sind.

Kompost erhält die Fruchtbarkeit des Bodens, erübrigt Torfmull und Kunstdünger und entlastet den Verkehr und die Deponien. Mit Kompost schließen wir den Kreislauf der Natur und geben dem Boden wieder zurück, was wir ihm in Form von Obst, Gemüse, Blumen und Früchten entnommen haben. So gelangen diese Stoffe in verwandelter Form wieder dorthin, wo sie einst gewachsen sind.

Der natürliche Recycling-Prozeß im Boden

Unter unseren Füßen, im Erdboden, besser gesagt im „Mutterboden", vollzieht sich ständig ein großes Recycling-Wunder der Natur, welches den Fortbestand des Lebens sichert. Der Boden ist für uns ein ganz wichtiger, allerdings meist unsichtbarer Lebensraum. Aus diesem Grunde beschäftigen wir uns mit ihm in diesem Kapitel etwas näher.

Ohne Boden gäbe es keine Pflanzen, keine Tiere und keine Menschen, und ohne die Arbeit der Milliarden von Bodenorganismen, Bakterien, Pilzen und Algen wäre das Leben schon längst in seinem eigenen Müll erstickt. Die Bodenorganismen spielen eine ganz entscheidende Rolle im Recycling-Prozeß der Natur.

Der Boden ist kein statisches Gebilde, er ist nichts Starres, sondern ein sehr dynamisches, ein sich fortwährend veränderndes System mit wichtigen Wechselbeziehungen zwischen im Boden lebenden Organismen, organischen und anorganischen Bestandteilen und äußeren Einflüssen. Es gibt vielerlei Erde auf unserem Planeten. Von der lockeren Schwarzerde über dichten Lehmboden, sandigen Heideboden, trockenen Wüstensand, sauren Moorboden bis hin zur gefrorenen Erde der arktischen Tundra.

Aus verwittertem Gestein und den Abfallprodukten der Pflanzen und Tiere hat die Natur in Jahrmillionen eine nur 20 bis 30 Zentimeter dicke Zone fruchtbarer Erde aufgebaut. Die Existenz der Völker und der Menschheit ist ganz eng an diese obersten Zentimeter humusreicher Muttererde gebunden.

Diese kostbare, dünne, wertvolle Erdschicht wird von Gärtnern und Landwirten bearbeitet und muß gehütet und gepflegt werden. Der Humus erneuert sich in einem natürlichen Recycling-Prozeß durch ein riesiges Heer unsichtbarer Helfer dort, wo er richtig behandelt und wo ihm die optimale Möglichkeit zur Regeneration gegeben wird.

Boden und Erde sind zwar allgemeine Begriffe. Doch nur die obere belebte Bodenschicht, die als Humusschicht oder Mutterboden bezeichnet wird, bringt das Wachstum und das Leben hervor. Allein von dieser Humusschicht hängt alles Leben ab.

Die natürliche Humusschicht selbst besteht aus einer oberen und einer unteren Schicht. Die obere Humusschicht, etwa 5 Zentimeter dick, wird als „Abbauschicht" betrachtet, denn dort bewältigen „Demontage-Spezialisten" (bestimmte Arten von Bakterien, Pilzen und Mikroorganismen) den groben Abbau der verrottenden Stoffe. Die Mikroben dieser Rotteschicht können sogar hartes Material wie Holz, Horn und Chitin abbauen und zugleich den Boden lockern. In diesem Team arbeiten auch Regenwürmer, Asseln und andere Kleintiere. Die Kleinstlebewesen, die die Abfälle abgebaut, zersetzt und gewissermaßen verdaut haben, sterben zum Teil nach dieser Arbeit ab und werden selbst zur Nahrungsgrundlage für die Organismen, die in der unteren Humusschicht, der sogenannten „Aufbauschicht" arbeiten. Diese Schicht ist je nach Lage 10 bis 30 Zentimeter dick. Hier geht es nicht mehr um den Abbau, sondern um den Aufbau neuer, lebendiger Substanzen. Hier wird ständig fruchtbarer Dauerhumus produziert.

In einem einzigen Gramm Humuserde befinden sich etwa 10 Milliarden Lebewesen. Sie wimmeln aber nicht wild durcheinander, sondern haben alle ihre streng geordneten Funktionen. Aus den bereits verdauten organischen Abfällen und den Leichen der Kleinstlebewesen werden Nährlösungen erzeugt, die die Pflanzen mit ihren Wurzeln aufnehmen können. Auf diese Weise werden Hauptnährstoffe für die Pflanzen aufbereitet, wie Stickstoff, Phosphor, Kalium und wichtige Spurenelemente. Im Mutterboden arbeiten auch Stickstoffbakterien in Lebensgemeinschaft mit Pflanzen, die den in der Luft, die aus 70 % Stickstoff besteht, vorhandenen Stickstoff an sich binden und so den Boden mit diesem wichtigen Düngestoff anreichern.

Guter Humus ist nicht nur reich an Nährstoffen, er kann diese auch festhalten, außerdem speichert er Feuchtigkeit und Wärme. Er ist krümelig und luftdurchlässig. So finden die Pflanzen, was sie brauchen, nämlich einen lockeren, nährstoffreichen, humosen Boden sowie Luft und genügend Wasser.

Dieses Kapitel handelt aber nicht nur von der Humusschicht, sondern auch von anderen Boden-Schichten.

Beim Aufbau des Bodens haben wir ganz obenauf zuerst die sogenannte **Mulchschicht**. Bodenkundler nennen sie auch Förna-Schicht. Sie besteht aus Laub, Nadeln, abgestorbenem Gras oder Moosresten usw. Im allgemeinen ist diese Schicht starken Temperatur- und Wasserschwankungen ausgesetzt, weshalb sich dort nur wenige Bodentiere aufhalten können. Die Mulchschicht schützt aber die darunterliegenden Schichten weitgehend vor starken Temperaturschwankungen und vor der Austrocknung.

Die unmittelbar darunter liegende Boden-Schicht, mit etwa 5 Zentimetern Tiefe, wird als **Rotteschicht** oder auch als F-Schicht bezeichnet. Sie weist schon Verhältnisse auf, die echten Bodenorganismen einen dauernden Aufenthalt ermöglichen. In manchen Bö-

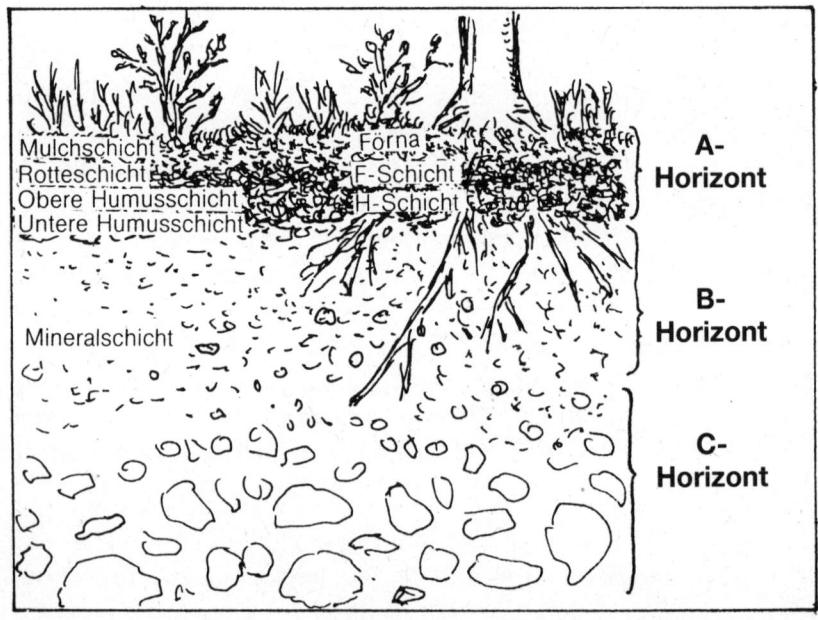

Mulchschicht
Rotteschicht
Obere Humusschicht
Untere Humusschicht

Förna
F-Schicht
H-Schicht

Mineralschicht

A-Horizont

B-Horizont

C-Horizont

den weist diese Schicht sogar den größten Organismenreichtum auf, denn hier erfolgt bereits ein großer Teil der Aufarbeitung des Abfalls durch die Bodentiere.

Unter der Rotteschicht finden wir dann die uns bereits bekannte **Humusschicht** (auch H-Schicht genannt). Sie ist etwa 20 bis 30 Zentimeter tief. Hier finden wir vorwiegend Mikroorganismen, Stickstoffbakterien, Algen, Wurzelpilze usw.

(In der Bodenkunde werden die einzelnen Bodenschichten auch als Horizont bezeichnet. So gelten die drei oberen Schichten als A-Horizont. Manchmal werden sie auch „organische Zone" genannt.)

Die Humusschicht geht dann in die **Mineralschichten** über, die auch als B- bzw. C-Schicht oder als B- bzw. C-Horizont bezeichnet werden. Sie bestehen meist aus verwittertem Gestein. In diesen Schichten nimmt der Humusgehalt rasch ab, wobei der B-Horizont noch teilweise durchwurzelt ist, während der C-Horizont in der Regel aus nichtdurchwurzeltem Festgestein besteht. Doch aus diesen Schichten stammen die Mineralstoffe, die in der Humusschicht mit den organischen Zersetzungsprodukten vermischt werden. So sind sie ein Nährstoff- und Wasserreservoir. Hier sammelt sich auch das so wichtige Grundwasser. Regenwürmer, auf die wir noch speziell zu sprechen kommen, lockern mit ihren Regenwurmgängen diese Schichten auf.

Die Natur bietet im Boden ein kostenloses, phantastisch organisiertes System an, in dem unzählige Helfer zum Nulltarif tätig sind. In einem Quadratmeter Boden rechnet man mit 150 Millionen Einzellern (Protozoen), 1 Million Fadenwürmern (Nematoden) 250 000 Milben, 150 000 Springschwänzen (Collembolen) 1000 größeren Gliederfüßlern (Arthropoden) und bis zu 500 Regenwürmern.

Deshalb ist es wichtig, den Boden richtig zu kennen, ihn zu begrünen (bepflanzen), zu mulchen und mit Kompost die optimale Fruchtbarkeit des Bodens zu erhalten.

Kompostierung, das älteste Recycling-Verfahren

Die Kompostierung ist wohl das älteste Recycling-Verfahren in der Geschichte der Menschheit. Schon vor 4000 Jahren wurden in China mit Hilfe eines Heißgärverfahrens die organischen Abfälle der Siedlungen zur Sicherung der Bodenfruchtbarkeit wieder aufbereitet. Auch vor den Stadtmauern Jerusalems gab es einen öffentlichen Komposthaufen.

Durch die Produktion künstlicher Dünger, insbesondere Stickstoffdünger, geriet die Kompostierung mehr und mehr in Vergessenheit. Heute jedoch beginnt langsam ein Umdenkungsprozeß, nachdem auch die Nachteile künstlicher Düngung offensichtlich werden; auf der anderen Seite unsere Müllberge ins Unermeßliche anwachsen und nicht wiederbringbare Rohstoff-Ressourcen verlorengehen.

Wo auf Dauer mit künstlichen Düngern, roher Gülle oder Pflanzenschutzmitteln gearbeitet wird, gehen die Regenwürmer ein. Auch andere Bodenlebewesen sterben und der Boden verschlämmt und verkrustet. Die Wurzeln bekommen dann keine Luft mehr; die Pflanzen werden geschwächt und von Schädlingen befallen. Durch weiteres Spritzen gegen die Schädlinge wird der negative Kreis geschlossen. Humuserde dagegen erzeugt ein gesundes Bodenklima und gesunde Pflanzen. Gesunde Pflanzen sind in der Regel resistenter gegen Schädlinge.

Deshalb muß unsere Devise lauten: so viel Kompost wie möglich! Auch in den Schulen sollte das Verständnis für die Kreisläufe der Natur mehr geweckt werden, denn unsere Zukunft hängt nicht allein von unserem Wissen, sondern auch von ausreichender Humuserde, die uns erst unsere Nahrung ermöglicht, ab. Aus diesem Grunde sollte in jeder Schule ein Komposthaufen erstellt werden. So könnten Schüler und auch Lehrer „miterleben", wie die geheimnisvolle und doch so lebenswichtige Werkstatt der Natur funktioniert. Wahre Pädagogik geschieht auch durch „Erleben". Das faszinierende Erlebnis eines Umsetzungsprozesses im Kompost erhöht sicher das Naturverständnis der Kinder und bringt auch unvergeßliche Erfahrungen mit sich.

Kompost ist etwas Zusammengesetztes, eine „Komposition", allerdings nicht aus vielen Tönen, sondern aus vielen, vielen Stoffen aus Küche, Garten, Wald, Obstanlagen, Weinbergen, landwirtschaftlichen Kulturen bis hin zum Mist.

Beim Kompostieren ahmen wir einen Vorgang nach, der schon seit Urzeiten in der Natur in einer mehr oder weniger dünnen Schicht im Erdboden abläuft. Beim Kompost allerdings konzentriert sich alles in einem Haufen. Der Kompost-Haufen selbst stellt ein Miniaturuniversum dar, das von Abermilliarden von Lebewesen bewohnt wird, die zwar sehr viel kleiner sind als Löwen, Tiger oder Bären, aber ebenso wild. Es ist eine dunkle, feuchte, leise Welt, die jedoch ausgezeichnet funktioniert.

Sauerstoff-konsumierende Bakterien fungieren lautlos im Dunkeln als „Schnellköche" und können je nach Zusammensetzung und Schichthöhe des Kompostes die Temperatur im Komposthaufen bzw. im Kompostbehälter auf 55 Grad C oder höher bringen. Besonders gehäckseltes Material erwärmt sich noch stärker. Die Bakterien und Mikroorganismen zersetzen leicht verrottbare, nährstoffhaltige Abfälle wie Gemüsereste, Kaffeesatz, Herbstlaub, Grasschnitt usw.

Schon in den ersten Tagen nach dem Aufsetzen des Kompostes können wir Pilze sehen, die ihre Nahrung aus dem sich zersetzenden Material ziehen.

Als letzte „Pflanzen" erscheinen Aktinomyzeten, eine Art Bakterien, die in einer Zone mittlerer Wärme leben und holzige Stengel, Baumrinden, Zeitungspapier usw. chemisch zersetzen. Sie geben mit den Pilzen dem verrottenden Material ein graues, spinnwebartiges Aussehen.

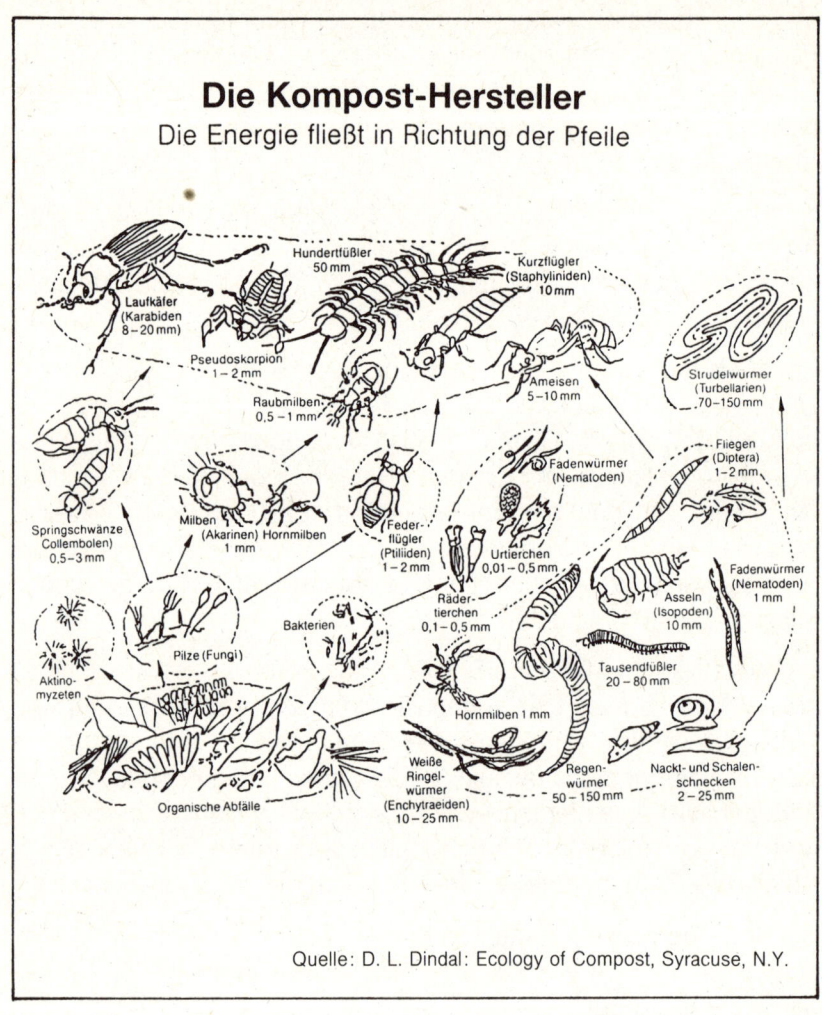

Die Kompost-Hersteller
Die Energie fließt in Richtung der Pfeile

Quelle: D. L. Dindal: Ecology of Compost, Syracuse, N.Y.

Fadenwürmer, auch Nematoden oder Älchen genannt, befinden sich in unvorstellbar großer Zahl im Komposthaufen. Es sind winzige, zylindrische, oft durchsichtige Würmchen, die an lebendem und totem Pflanzenmaterial saugen; zum Teil auch Bakterien, Pilze sowie andere Nematoden fressen.

In dem weitgehend unsichtbaren Ökosystem des Komposthaufens finden sich auch nadelkopfgroße Pseudoskorpione und Springschwänze. Pseudoskorpione sind Tiere, die Nematoden, Milben und Larven mit ihren Zangen packen und ihnen ein Gift einspritzen. Die Springschwänze sind wohl die am häufigsten sechsbeinigen Tiere der Erde. Von ihnen gibt es etwa 5000 verschiedene Arten; sie sind die hüpfenden „Hanswurste des Komposts" und achten auf peinlichste Sauberkeit. Zur Fortbewegung hüpfen sie hoch wie Turner auf dem Trampolin. Unter ihrem Bauch haben sie einen kleinen, federartigen Fortsatz, der sie in die Luft schnellt.

Milben wühlen ebenfalls emsig im Kompost umher und fressen Laub, faules Holz und vieles mehr. Einige verzehren auch Nematoden, Eier, Insektenlarven sowie andere Milben, von denen es etwa 30 000 Arten gibt. Kompostmilben sind kleiner als ein Sandkorn und kugelförmig, mit borstigen Haaren auf dem Rücken und von rötlichoranger Farbe.

In dem gut verteilten warmen Heim des Komposthaufens entwickeln sich auch lebhafte rote Mistwürmer und die etwas ruhigeren Regenwürmer. Auch Asseln, die kleine Landkrebse sind, zermalmen vor allem Laub und rottendes Material. Da sie ehemalige Meerestiere sind, müssen ihre zarten, kiemenähnlichen Atemorgane ständig feucht gehalten werden.

Kompost-Hundertfüßler sind Tiere, die kleine rote Würmer oder Insektenlarven fressen und dadurch dem Kompost stickstoffhaltige Abfälle hinzufügen. Langsamer bewegen sich die „Tausendfüßler", die hauptsächlich rottendes Pflanzengewebe fressen.

Im Mikrokosmos des Komposthaufens wirken also unzählige kleine und winzig kleine Helfer und Organisatoren mit, die uns fortwährend zeigen, wie im „Laboratorium Erde" biologisches Recycling praktiziert wird.

Kompostsilo zum Selbstbau

Will man ein Kompostsilo selber bauen, kann es nach folgenden Angaben geschehen:

Vier Eckpfosten werden mit je einer Gehwegplatte 40 × 40 cm nach außenhin bündig unterlegt, damit die unterste Bretterverschalung nicht auf der Erde aufliegt. Alle aufgeschraubten Bretter haben eine Höhe von 10 cm. Sie werden jeweils mit einem Zwischenraum von 5 cm montiert und zwar auf allen drei Seiten. Damit die seitlichen Halbdielen zum Anbringen der Führungsleisten einwandfrei montiert werden können, muß man die vorderen Eckpfosten doppelt nehmen und miteinander verschrauben.

Man erleichtert sich die Montagearbeit ganz wesentlich, wenn man zuerst die untersten und obersten vier Verbindungsbretter auf allen vier Seiten auf die Eckpfosten (vorne ergeben sich zwei Doppelpfosten) mit jeweils vier Schrauben befestigt. So erhält man einen festgefügten Grundaufbau, den man im Lot auf die schon erwähnten Eckgehwegplatten aufsetzen kann. Alles weitere geht dann viel schneller und sicherer.

Es stört in keiner Weise, wenn die Führungsleisten bündig mit den Eckpfosten abschließen, während die Einschubbretter etwas über die Eckpfosten hinausragen.

Für eine Überdachung oder Abdeckung ist zu sorgen!

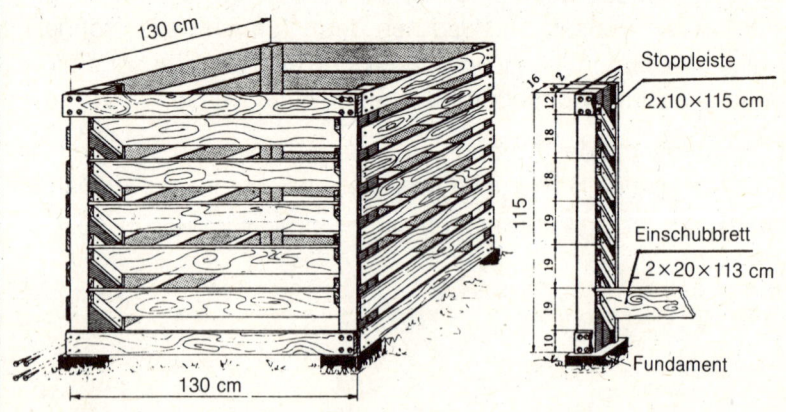

Quelle: M. Schulze, Bio-Gartenratgeber, G. A. Ulmer Verlag, Tuningen

20

Wo und was läßt sich kompostieren?

Ob der Kompost in Silos, in Mieten aufgesetzt oder ob die Flächen-kompostierung bevorzugt wird, hängt in der Regel von der Größe des Gartens oder des Betriebes und von den anfallenden Mengen verwertbarer Stoffe ab. Der Komposthaufen muß Kontakt zur Erde haben, damit Regenwürmer hineingelangen können. Er sollte sich auch möglichst immer an derselben Stelle befinden, denn dadurch finden sich dort verhältnismäßig schnell auf Dauer alle notwendigen „Rotte-Spezialisten" aus der Kleintier-, Pilz- und Bakterienwelt ein. So verläuft dort im Laufe der Zeit die Rotte immer schneller und besser.

Der Lagerplatz sollte auch zu allen Jahreszeiten von allen Garten-stellen und vom Haus her gut erreichbar sein, denn es müssen ja alle Abfälle hingebracht und der Kompost muß auch wieder zurück-transportiert werden.

Günstig ist eine $3/4$-Beschattung durch Bäume und Sträucher. Hier-für eignen sich besonders Holunder, Weißbuche und Hasel. Eine Überdachung des Komposthaufens ist notwendig.

Der Komposthaufen sollte immer feucht sein. Wenn er trocken ist, findet kein Rottevorgang statt. Mikroorganismen brauchen Feuchtig-keit. Ist der Komposthaufen aber zu naß, verfaulen die Gartenabfälle, statt zu verrotten und der Haufen riecht unangenehm. Unangenehm riechen soll der Kompost jedoch nicht.

Für die richtige Rotte sind drei Faktoren wichtig: Durchlüftung, Feuchtigkeit und Wärme, auf die wir noch ausführlich zu sprechen kommen.

In kleinen Gärten kann meist aus Platzmangel keine Kompostmiete errichtet werden. Hier bietet sich die Kompostierung in Behältern an. Die Silos werden aus Holz, Blech, Maschendraht, Kunststoff,

Verschiedene Kompostbehälter

Kompostbehälter mit
Deckel- und Bodenrost

Komposttonne zum
Sammeln und Anrotten

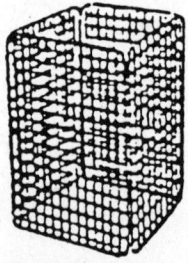

Kompostbehälter zum
Auseinandernehmen

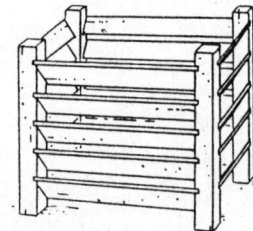

Kompostbehälter aus Holz mit
herausnehmbaren Seitenbrettern

Lattengestell mit Trennwand zum Umsetzen
aus Holz und Betonfertigteilen

Recycling-Kunststoff oder Stein hergestellt und sind rund oder rechteckig.

Besondere Vorsicht ist allerdings bei geschlossenen Tonnen aus Plastik geboten. Wenn Küchenabfälle in wasserdichten Behältern gesammelt werden, können sehr schnell Schimmelpilze entstehen. Deshalb sind hier Luftschlitze so wichtig. Auf total geschlossene Kompostsysteme, die unter weitgehendem Luftabschluß (anaerobe Vergärung = Fäulnis) produzieren, sollte man verzichten.

Das Kompostieren in Behältern verläuft nach den gleichen Regeln wie beim Aufsetzen eines Komposthaufens. Das Kompost-Silo bietet ebenfalls eine saubere und abgegrenzte Möglichkeit zum Kompostieren.

An sich lassen sich alle verrottbaren Rohstoffe, die im Haus und im Garten anfallen, über den Kompost zu wertvollem Humus umwandeln. Bei den Hausabfällen handelt es sich vorwiegend um Reste von Gemüse, Kartoffelschalen und Obstabfällen. Auch verwelkte Blumen und Pflanzenteile, Trester und Reste aus der häuslichen Gelee-, Marmelade-, Süß- und Gärmostherstellung; die verschiedenen Gewürz-, Tee- und Heilkräuterreste bis hin zu Kaffeesatz, Brennesseln, Eierschalen und vieles mehr. Nicht zu vergessen auch das Spülwasser, das jedoch ohne chemisches Spülmittel sein soll.

Die Hausabfälle werden von der Hausfrau oder dem Hausmann am besten in einem separaten „Kompost-Eimer" mit Deckel gesammelt. Wird der Eimer ausgeleert, sollte das Ganze mit etwas Erde, Reisighäcksel oder sonstigem, zerkleinertem Kompostmaterial gemischt, überdeckt werden.

Bei den Gartenabfällen sollte Rasenschnitt, der sehr stickstoffhaltig ist, nur angewelkt und gemischt mit Laub, Heckenschnitt und Boden auf den Komposthaufen gebracht werden.

Das Laub der Eiche, Kastanie und Walnuß setzt Gerbsäure frei. Es wirkt rottehemmend und wird separat kompostiert. Aus der Gerbsäure entstehen wertvolle Humusverbindungen, welche für Moorbeetpflanzen besonders geeignet sind. Ansonsten kann diese Lauberde überall im Garten verwendet werden. Weniger gut ist es, Laub

Was kann auf den Kompost?

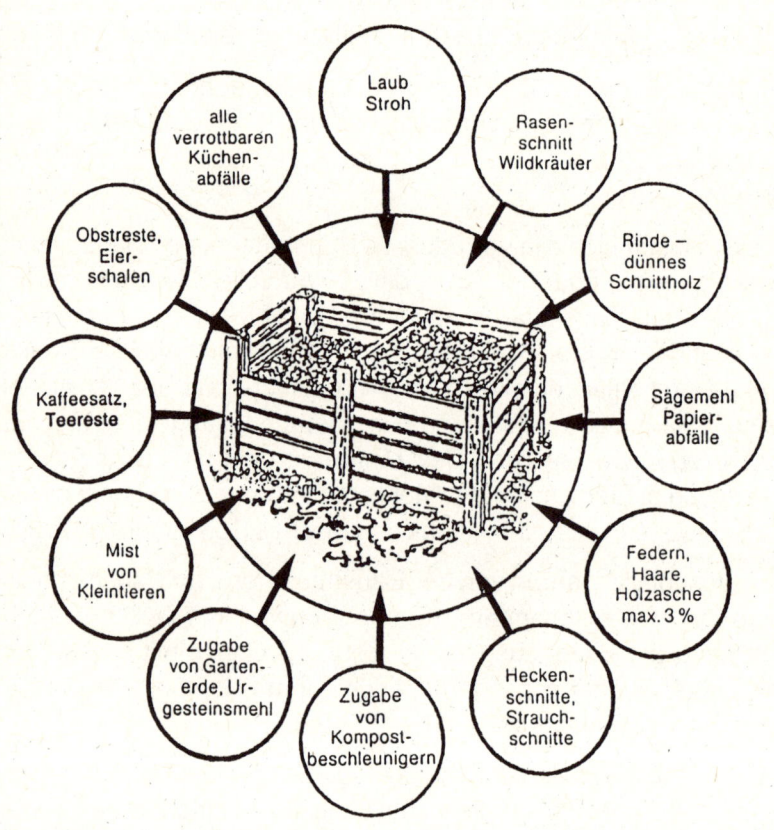

- Laub Stroh
- alle verrottbaren Küchenabfälle
- Rasenschnitt Wildkräuter
- Obstreste, Eierschalen
- Rinde – dünnes Schnittholz
- Kaffeesatz, **Teereste**
- Sägemehl Papierabfälle
- Mist von Kleintieren
- Federn, Haare, Holzasche max. 3 %
- Zugabe von Gartenerde, Urgesteinsmehl
- Zugabe von Kompostbeschleunigern
- Heckenschnitte, Strauchschnitte

Was nicht auf den Kompost soll: Schalen von Südfrüchten, Glas, Gummi, alle Arten von Metallen, Kunststoff und Staubsaugerbeutel; gekochte Mahlzeiten, Fleisch und Käsereste, denn sie locken leicht Ratten an.

ausschließlich von einer Baum- oder Strauchart auf den Kompost zu bringen. Auch von Krautfäule befallenes Kartoffel- und Tomatenlaub sollte man nicht verwenden.

Baum- und Heckenschnitt ist kalireich und für den Kompost sehr wertvoll. Auch Rinde und dünnes Schnittholz kann zugegeben werden, es sollte jedoch zuvor mit dem Häcksler oder einem Beil zerkleinert werden. Ebenso Ernterückstände von Gemüsebeeten, Abraum der Sommerblumenbeete, Ausputz und Rückschnittmaterial von Blütenstauden, Rosen- und allen anderen Blumenbeeten.

Auch Mist von Kleintieren — aber nicht von Katzen oder Hunden — eignet sich, sollte jedoch gut mit dem übrigen Kompostmaterial vermischt werden. Wildkräuter sind zur Kompostierung nur dann geeignet wenn sie noch keine Samen angesetzt haben und wenn es sich nicht um Wurzelunkräuter (z. B. Quecke, Giersch) handelt.

Nicht kompostiert werden sollten kranke Zwiebeln und Knollen, Krautstrünke mit Kohlhernie (an den Wurzeln erkennbar an walzenförmigen Verdickungen), Äste und Zweige von Obst- und Ziergehölzen, bei denen das Holz befallen ist.

Für die Kompostierung weniger geeignet sind Schalen von Südfrüchten aufgrund der ihnen anhaftenden Schadstoffe. Dies gilt aber nicht für Früchte aus biologischem Anbau; diese sind kompostierbar, aber nicht in Unmengen, da Schimmelgefahr besteht.

Glas, Gummi sowie alle Arten von Metallen und Kunststoffen gehören nicht auf den Kompost; auch keine Milch- und Getränketüten, kein bedrucktes farbiges Papier, kein Inhalt von Staubsaugerbeuteln sowie keine Kohlen-Asche wegen möglicher Schadstoffgehalte, auch keine gekochten Mahlzeiten, keine Fleisch- und Käsereste, denn sie ziehen leicht Ratten an.

Aufsetzen und richtiger Bau
der Kompostmiete

Unter dem Komposthaufen soll sich stets eine etwa 30 Zentimeter starke Schicht Mutter- oder Lehmboden befinden, damit die verschiedenen Wurmarten und Organismen von unten her zuwandern und auch wieder abwandern und vor allem die Regenwürmer sich bei Kompost-Reife, starkem Frost oder Trockenheit in diese Zone zurückziehen können.

Im warmen und milden Klima ist es gut, wenn die Kompoststätte im Schatten oder Halbschatten steht. In einer rauhen Klimalage ist es dagegen zweckmäßiger – mit Rücksicht auf das Bodenleben – einen wärmeren und sonnigen Platz zu wählen. Der Komposthaufen ist vor Regen zu schützen; auch Windschutz ist notwendig, da starke Winde die Entstehung einer gewissen Mindestwärme verhindern.

Der Komposthaufen kann unten etwa 1,50–1,80 Meter und oben 70 Zentimeter breit und etwa 1–1,50 Meter hoch sein; die Länge kann beliebig sein. Bei diesen Maßen ist eine gleichmäßige Durchlüftung gewährleistet. Eine Kompostierung von weniger als einem Kubikmeter ist nicht sehr sinnvoll, da der Haufen dann nicht genügend Wärme entwickeln kann.

Wer die Kompostanlage als Abfallhaufen betrachtet, wird zu keinem guten Humus kommen. Es muß schon einiges beachtet werden. Aber Kompostieren ist eine sinnvolle und lebenswichtige Aufgabe.

Für die unterste Schicht von etwa 20 Zentimetern sollte im Komposthaufen grobes Material auf den Erdboden locker aufgeschichtet werden: kleine Äste, Blumenstauden, Siebreste eines alten Kompostes, Tannenzweige usw. So ist auch in den unteren Schichten während der ganzen Umsetzung die Luftzufuhr gewährleistet.

Die Garten- und Küchenabfälle werden schräg dachförmig aneinander aufgeschichtet. Für eine gute Durchmischung und Zerkleinerung ist zu sorgen.

Werden zuviel Grünmasse oder Gras aufeinander geschichtet, entstehen leicht Fäulnisprozesse. Zur besseren Durchlüftung des Haufens und zur Vermeidung stauender Nässe können zerkleinerte Äste als Zwischenlage verwendet werden. Ein günstiges Kohlenstoff/Stickstoff-Verhältnis, das sogenannte C/N-Verhältnis, gewährleistet eine schnelle und gute Rotte. Dies soll in der Anfangsmischung etwa 30:1 und im fertigen Kompost etwa 20:1 betragen.

Ältere Pflanzenteile, einschließlich Laub und Stroh, haben einen niedrigen Wasseranteil; sie bestehen hauptsächlich aus Holzstoffen, d. h. Zellulose und Lignin. Sie sind reich an organischem Kohlenstoff. Jüngere Pflanzenteile enthalten mehr Wasser und mehr Stickstoffverbindungen. Ein genügend hoher Stickstoffanteil beschleunigt die Rotte und erzeugt einen reichen Kompost. Stickstoffarmut verzögert die Rotte, die Temperatur bleibt niedrig.

Je vielseitiger die organischen Abfälle sind, desto besser wird der Humuskompost. Abfälle, die bei der Rotte Säure produzieren, wie Sägemehl, Blätter, Nadeln usw. arbeiten besser, wenn entsprechend ihrem Anteil auf die Kompostschicht etwas Kalksteinmehl gestreut wird. Zur Aktivierung des Kompostes kann auch zwischen die einzelnen Schichten 2 bis 5 Zentimeter zerkleinertes Brennessel-, Schafgarbe- oder Kamillenkraut gegeben werden. Wer Mist zur Verfügung hat (von Pferden, Kühen, Schafen oder Kaninchen), kann diesen Mist auch in den Komposthaufen einmischen.

Günstig ist, in jede Art von Kompost mindestens 5 bis 10% Boden einzumischen, jedoch nicht mehr als 30%. Diese Erde sollte aber gleichmäßig und feinkrümelig verteilt werden, damit alle Pflanzenteile damit in Berührung kommen. Anstatt der Erde kann auch Tonmehl verwendet werden, besonders bei leichten Böden.

Ist das Sammelgut ganz aufgesetzt, wird der Haufen mit einer Erdschicht bedeckt und mit luftdurchlässigem Material gegen Regen und Wind geschützt. Dafür eignen sich Tannenzweige, Stroh, langes

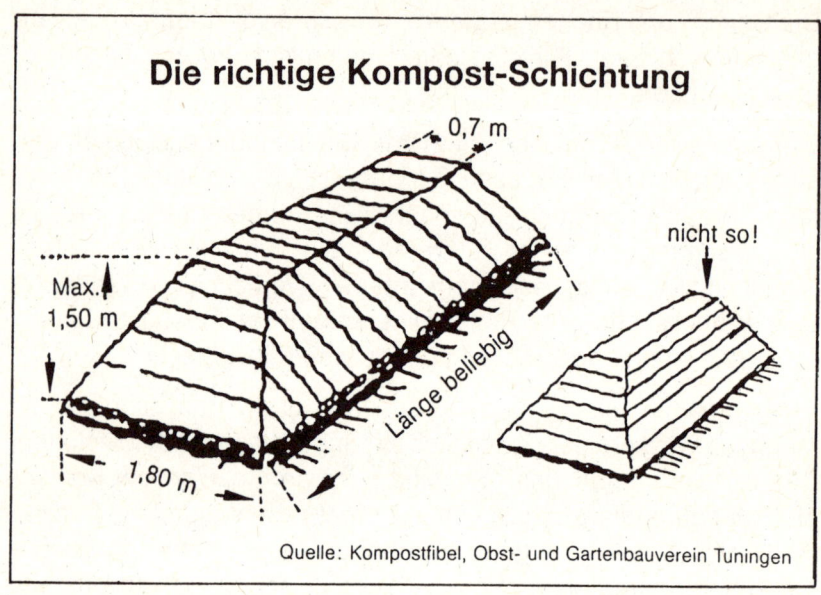

Die richtige Kompost-Schichtung

0,7 m

nicht so!

Max. 1,50 m

Länge beliebig

1,80 m

Quelle: Kompostfibel, Obst- und Gartenbauverein Tuningen

Schnittgras, alts Heu, Jutesäcke, alte Teppiche oder im Handel erhältliches Vlies.

Wichtig dabei ist zu beachten, daß alles Lebendige durch die Haut atmet. Solch eine Abdeckung ist eine Art Haut für den reifenden Kompost und hält alles zusammen, was an Kräften und Feuchtigkeit aus dem Kompost entweichen will. So bleibt der Kompost in der dringend notwendigen feuchtschattigen Atmosphäre, die für das ganze Pilz- und Bakterienleben ungemein wichtig ist. Durch die abdeckende Haut wird der Kompost auch von atmosphärischen Störungen wie Regen, Luft, Wärme und verschiedenen Strahlungen geschützt. Die Kompostoberfläche kann auch nicht eingrünen und verschlämmen.

Über das Umsetzen des Kompostes gibt es viele verschiedene Erfahrungen und Meinungen. In der Regel wird man einen Haufen nach etwa 2 bis 3 Monaten umsetzen. Dabei gelangt die obere Schicht nach unten, alle Teile werden durchmischt, Verdichtungen aufgelockert, die Feuchtigkeit gleichmäßig verteilt, die Randzonen ins Innere einbezogen und damit die Rotte beschleunigt.

28

Keine Fäulnis, sondern Rotte!

Die Abbauprozesse im Kompost können sowohl unter Luftabschluß anaerob, als auch unter Luftzufuhr, aerob, vor sich gehen. Der anaerobe Vorgang, der unter Luftabschluß erfolgt mit Organismen, die keinen Sauerstoff als Lebensenergie benötigen, ergibt ein übelriechendes Produkt, das Giftstoffe enthält. Bei zu wenig Sauerstoffzufuhr können anaerobe Bakterien schnell überhand nehmen und zu Fäulnis führen. Durch Fäulnis können giftige Phenole erzeugt werden. Insekten werden durch die Zersetzungsprodukte faulender organischer Massen angelockt. Sie schädigen in erster Linie Pflanzen und können auch Krankheitserreger auf Mensch und Tier übertragen. Bereits durchlaufene Fäulnisvorgänge lassen sich nicht mehr rückgängig machen, das heißt, nicht mehr in Rottevorgänge umwandeln. Fäulnis zerstört die Bodenfruchtbarkeit.

Was wir deshalb wollen und brauchen, ist ein aerober Abbau unter Luftzufuhr. Diesen Vorgang nennt man Rotte. Es treten keine unangenehmen Gerüche auf und bei den Oxidationsprozessen wird Wärme erzeugt. Die Bodenlebewesen, welche den Rottevorgang durch ihren eigenen Stoffwechsel bewirken, benötigen zum Leben Luft, und zwar den in ihr enthaltenen Sauerstoff. Die Rotte im Komposthaufen benötigt Wärme, Luft und Feuchtigkeit. Wärme und Energie werden von den Mikroorganismen erzeugt, Luft und Feuchtigkeit müssen in wohldosierter Form hinzugeführt werden. Fehlt eine dieser Komponenten, läuft die Rotte entweder gar nicht oder falsch ab.

Was wir beim Kompost anstreben, ist eine ganz normale Verrottung der anfallenden Stoffe. Bei diesem Abbauprozeß tritt unter Zutritt von viel Sauerstoff und der Einschaltung von unzähligen Mikroorganismen eine Umwandlung des organischen Materials in wertvolle Komposterde ein. Das Material darf hierbei nicht zu locker aufgeschichtet sein, weil sonst der Rotteprozeß nicht in Gang kommt.

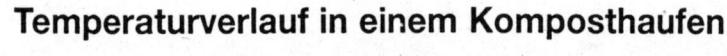

Temperaturverlauf in einem Komposthaufen

aufgesetzt am 14.6.
umgesetzt am 24.6.

Materialien: (Zahl = Schubkarre)
2 Garten- und Küchenabfälle
6 Liguster-Heckenschnitt
2 Brennesseln
3 Pferdemist
3 Siebrückstände
1 Erde

10 kg Holz- und
Brikettasche

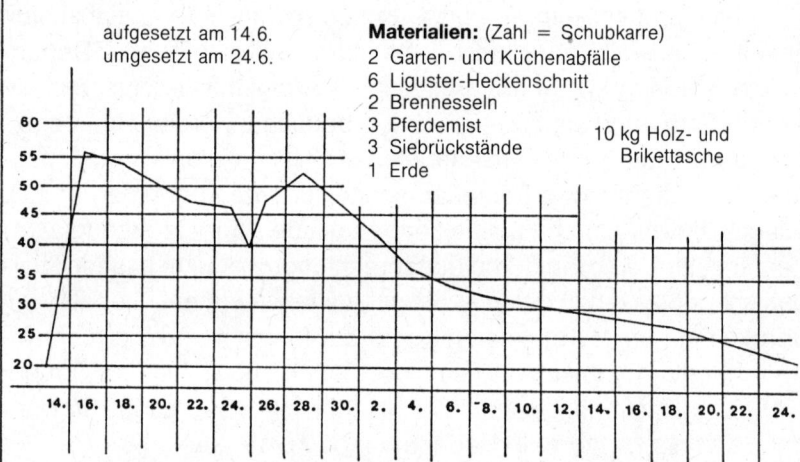

Ab 12. August als Reifekompost verwendet. Das Material war gut verrottet und hatte einen Walderdegeruch. Eine Siebprobe am 16.8. ergab einen Anteil von 47 % Feinerde und 53 % größere Erdklumpen und Grobrückstände (Handsieb mit 6 mm Maschenweite).

Quelle: Horst Tiemann, Eigene Erfahrungen mit der Humuswirtschaft

Der Rotteprozeß soll bei langsamem Luftzutritt und mittlerem Wassergehalt durch den gesamten Querschnitt des Haufens erfolgen. Der erwünschte Feuchtgehalt liegt bei 50 %. Das Material ist dann gut durchfeuchtet, Blätter, Stengel usw. sind mit Wasser vollgesogen, doch kann man kein tropfendes Wasser herauspressen. Die richtige Anfeuchtung sollte schon während des Aufsetzens erreicht werden. Trockenes Material wird einige Tage vor dem Aufsetzen wiederholt angefeuchtet. Sehr vorteilhaft ist eine Beigabe von halbreifem Kompost oder Siebrückständen, um die Rottevorgänge schneller in Gang zu bringen. Wünschenswert ist, daß sich das aufgesetzte Material rasch erwärmt. Hier greifen vornehmlich Bakterien ein, die durch ihre starken Stoffwechselvorgänge Temperaturen von 40 bis 50 Grad und noch höher bis 60 Grad C erzeugen. Dann geht die Temperatur allmählich auf nahezu Außentemperatur wieder zurück.

In dieser Phase setzt ein starker Abbau des organischen Materials im Kompost ein. Ungenügender Wassergehalt führt zu stärkerer Erhitzung und möglicherweise zu einer unerwünschten Austrocknung. Mikroorganismen brauchen aber, wie bereits erwähnt, Wasser. Nach Dr. Jourdan liegt bei 35 % Wassergehalt die höchste Erhitzung, aber schon 1 % weniger läßt Mikroorganismen nicht mehr arbeiten. Durch Austrocknung kommt es zur Mycelbildung. Das weiße Mycel sieht aus wie Schimmel, in Wirklichkeit sind es aber ganz bestimmte Kompostpilze, die einen Zustand anzeigen: der Kompost ist zu trocken.

Deshalb im Sommer eventuell angießen und bei anhaltendem Regen abdecken, denn zuviel Regen macht das aufgesetzte Material zu feucht und speckig. Dadurch entsteht Luftmangel und damit keine guten aeroben Umsetzungsvorgänge.

Der Rottevorgang im Komposthaufen läuft wie in der Natur etwa in 4 Phasen ab. Zuerst die Abbauphase, bei der Bakterien durch starke Stoffwechseltätigkeit hohe Temperaturen erzeugen. In der 2. Phase, der Umbauphase, durchziehen Hutpilze das Material und wandeln im abkühlenden Kompost Stoffe um. In der 3. Phase, der Aufbauphase, zerkleinern Kleintiere das Material (Asseln, Springschwänze, Milben, Würmer) und in der 4. Phase, der weiteren Aufbauphase, stellt der Mistwurm in seinem Darm die Verbindung zwischen mineralischen und organischen Stoffen her. Das Ergebnis ist ein nährstoffreicher Humus.

Bei Garten- und Abfallkomposten beträgt die Rottedauer 2 bis 12 Monate. Diese Dauer hängt hauptsächlich vom organischen Stickstoffgehalt der Mischung und von der Jahreszeit ab. Nach aerober, richtig geführter Rotte ist der Kompost hygienisch einwandfrei. Bei sinkender Temperatur arbeiten die Bodenorganismen immer langsamer. Bei extremem Frost und Kälte stellen sie ihre Arbeit ein.

Ablauf der Rotte im Komposthaufen

1. Phase – Abbauphase

Bakterien erzeugen durch
starke Stoffwechseltätigkeit
hohe Temperaturen. Keime und
Unkrautsamen werden abge-
tötet. Der Kompost erwärmt sich
infolge der mikrobiellen
Prozesse.

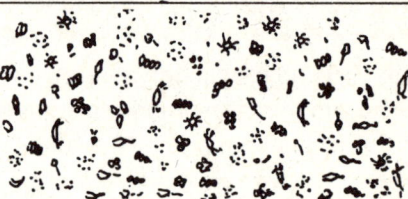

2. Phase – Umbauphase

Hutpilze durchziehen das
Material und wandeln im abküh-
lenden Kompost Stoffe um.
Das organische Material wird im
Austausch mit der Luft
verarbeitet.

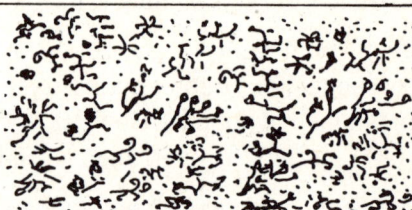

3. Phase – Aufbauphase

Kleintiere zerkleinern das
Material (Asseln, Spring-
schwänze, Milben, Würmer
usw.). Der Humusaufbau
beginnt.

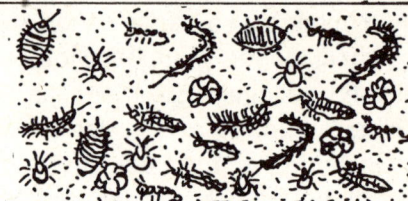

4. Phase – Aufbau- und Endphase

Der Mistwurm stellt in
seinem Darm die Verbin-
dung zwischen mineralischen
und organischen Stoffen her.
Der Humusaufbau wird früher
oder später abgeschlossen.

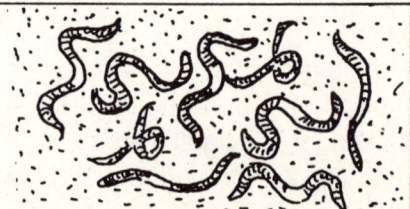

Quelle: Umweltbewußt Gärtnern, Fördergem. Integrierter Pflanzenbau e.V., Bonn

Zusätze zum Kompost

Da der Kompost möglichst nährstoffreich sein und auch Spurenelemente enthalten soll, kann er in verschiedenen Richtungen verbessert werden. Mit Horn-, Knochen- und Blutmehl kann das C-N-Verhältnis reguliert werden. Zur pH-Regulierung verwenden wir Stein- und Algenmehl. Bei Phosphormangel im Boden kann Knochenmehl zugesetzt und bei sandigen Böden Bentonit (Tonmehl) empfohlen werden. Diese werden schichtweise über das Kompostmaterial gepudert. Auf keinen Fall einen mineralischen Kunstdünger verwenden, der die Bakterienentwicklung in eine unerwünschte Richtung drängt.

Es gibt eine ganze Reihe biologischer Mittel, die dem Kompost zugesetzt werden können, um den Rottevorgang zu beschleunigen und gleichzeitig den Kompostwert noch zu erhöhen, wie das bereits erwähnte Horn-, Blut- und Algenmehl. Der Ton-Humus-Komplex bindet den Stickstoff im Boden, damit er nicht ausgewaschen wird.

Für fast alle Silokompostverfahren werden zur Förderung des Rotteprozesses und zur schnelleren Reife sogenannte Kompoststarter verwendet. Dafür empfehlen sich: Biorott-Schnellkomposter, Eco-Kompoststarter, Edaphil-Kompostimpfstoff, Humofix-Kräuterpulver, Oscorna und Symbioflor. Durch die Kompoststarter entwickelt sich während des Rottevorgangs eine Hitze bis zu 60 Grad C, je nach Kompostmaterial, Feuchte und Jahreszeit.

Eine Schnellkompostmethode (Humofix – Abtei Fulda) arbeitet mit Kräuterpräparaten, mit denen die Abfälle eingesprengt werden können. Es handelt sich dabei vor allem um Schafgarbe, Brennessel, Schachtelhalm und Löwenzahn. Man kann diese Kräuter auch selbst sammeln, sie trocknen, zerkleinern und mit Hilfe einer alten Kaffeemühle zu feinem Pulver – je feiner, desto besser – zerreiben. Ungemahlene Kräuter bringen keine guten Ergebnisse. Die Pulver werden getrennt aufbewahrt. Für den Ansatz wird in ein 2-Liter-Glas je ein halber Kaffeelöffel von jeder Kräutersorte gegeben, dazu ein Löffel Milchzucker und ein paar Tropfen Honig. Mit Regenwasser auffüllen, gut durchrühren und 24 Stunden stehen lassen. Nach dem Umrühren einen Deckel voll in eine 10-Liter-Gießkanne geben und über das dünn ausgebreitete Kompost-Material gießen.

Danach werden die geimpften Abfälle in das Kompostsilo lagenweise eingebracht, leicht angedrückt, aber nicht gestampft.

Am aktivsten wird das Kompost-Material in den Frühlings- und Sommermonaten umgesetzt. Das Füllgut soll aber gut zerkleinert werden, denn dies beschleunigt den Zersetzungsvorgang. Bodenlebewesen können zu grobes und großes Material nicht aufnehmen und verdauen. Durch Zerkleinern des Materials wird ihnen alles mundgerecht serviert, so daß der Stoffumsatz unverzüglich vonstatten gehen kann.

Es muß nicht gleich ein Häcksler angeschafft werden, vieles läßt sich von Hand kleinhacken. Wenn man bei jeder dritten Lage eine dünne Lage Brennessel schichtet, wird zusätzlich Stickstoff in den Kompost gebracht. Ein Beimpfen der Kompostmasse durch einen Zusatz von halbreifem Kompost oder Siebrückständen ist vorteilhaft, um den Rottevorgang zu erleichtern.

Ist das aufgesetzte Material zu trocken geworden oder setzt man es bei sehr heißer Witterung auf, dann kann man den Haufen auch mit Brennesseljauche, die mit Regenwasser angesetzt wurde, übergießen. Eine Handvoll Bäckerhefe, in warmem Wasser aufgelöst, mit ein wenig Zucker versetzt und nach einigen Stunden über den frisch aufgesetzten Kompost gegossen, setzt die Umsetzungsvorgänge, vor allem die Tätigkeit der Pilze, schneller in Gang. Kaffeesatz und Porreeabfall locken Regenwürmer an.

Es ist zu empfehlen, in die Kompostmiete eine geviertelte, schwere Holzplatte zu legen, in die man eine Anzahl von 2 cm breiten Löchern gebohrt hat. Diese Platte deckt das Schnittgut nach dem Einfüllen ab und drückt automatisch beim Zersetzungsvorgang nach. Auf diese Weise bleibt die entwickelte Wärme im Haufen.

Der Regenwurm als bester Humusproduzent

Im Zusammenspiel der vielfältigen Humusbildner spielt der Regenwurm, dessen Körper fast nur aus Muskeln besteht und der in Deutschland in etwa 40 verschiedenen Arten vorkommt, eine besonders auffällige Rolle.

Die verschiedenen Regenwurmarten haben verschiedene Lebensbereiche und Aufgaben, z.B. für die Böden der Wälder, Wiesen, Äcker, Gärten usw. Am bekanntesten ist der große, blasse Regenwurm, lat. „Lumbricus terrestris". Im Kompost arbeitet vor allem der vermehrungsfreudige, kleinere, rote Regenwurm bzw. Mistwurm, lat. „Eisenia foetida" genannt. Ein Verwandter von ihm, den selbst Fachleute kaum von ihm unterscheiden können, ist der aus Amerika stammende und bei uns eingebürgerte „Tennessee Whiggler". Er ist in unserem Klima der einzige Regenwurm, der sich nicht nur im Kompost, sondern auch in der Gartenerde als gieriger Fresser und Humusbereiter erwiesen hat. Man könnte ihn auch als „König der Regenwürmer" bezeichnen. Seine Ausscheidungen garantieren den allerbesten Dauerhumus, der gegenüber dem Normalkompost etwa den fünffachen Düngerwert besitzt. Er verträgt auch hohe Temperaturen und ist selbst bei niederen Temperaturen noch aktiv. Man kann ihn als Wurmbrut oder auch die Würmer selbst aus einem Regenwurmzuchtbetrieb beziehen und dem eigenen Kompost zusetzen. Die Würmer werden per Post in belüfteten Papphülsen und fein perforierten Folienbeuteln, mit einem Schlag reifem Kompost als „Wegzehrung", verschickt. Diese „Wegzehrung" gibt ihnen gleichzeitig die Möglichkeit, sich vor dem Licht zu verstecken, denn sie lieben keine Helligkeit. So finden sich alle Würmer beim Auspacken knäuelartig verschlungen und in längstens 5 Minuten sind sie im neuen Untergrund verschwunden, bereit für den nächsten Einsatz.

Zwar befinden sich in einem guten Gartenkompost nach der ersten heißen Rottephase auch Regenwürmer, jedoch kann man durch Zusatz von Mistwürmern die Humusqualität steigern.

Der Regenwurm übernimmt eine doppelte Aufgabe: er bereitet nicht nur mit vielen anderen Helfern unseren organischen Abfall auf und verwandelt ihn in besten Humus, sondern er sorgt auch für Durchlüftung und Durchfeuchtung des gesamten Bodens und ist somit auch Organisator und Bewahrer der Bodenfruchtbarkeit. Im Herbst und im Frühjahr ist seine Tätigkeit am lebhaftesten.

Im alten Ägypten wurde der Regenwurm als heiliges Tier verehrt. Es gab eine eigene Priesterkaste, die sein Leben studierte. Die Ägypter waren ein Bauernvolk und wußten, daß sie die Fruchtbarkeit des Bodens den Regenwürmern verdankten.

Auch bei den alten Griechen war der Regenwurm hochgeschätzt. Der Naturforscher und Philosoph Aristoteles nannte ihn „Eingeweide der Erde". Das bedeutet, daß der Wurm so wichtig für den Erdboden ist wie unsere Gedärme für den Körper. Charles Darwin war der erste, der die Bedeutung des Regenwurmes wissenschaftlich nachgewiesen hat. Er verstand unter „Humus" nur jene Bodenart, die durch den Verdauungskanal des Regenwurms hindurchgegangen war. Er errechnete das Gewicht des Regenwurmkots bei einem Acker von 100 Quadratmetern auf 250 kg Humus im Jahr.

Der Regenwurm fühlt sich in der Dunkelheit der Erde oder des Komposts äußerst wohl. Er hat zwar keine Augen, aber Lichtsinneszellen im Kopf und am Hinterkopf, so daß er Helligkeitsunterschiede wahrnehmen kann. Er ist taub, hat jedoch einen feinen Tastsinn. Manchmal läßt er ein Schmatzen hören, das nichts mit Kommunikation zu tun hat. Es kommt rein physikalisch zustande, z. B. durch Festsaugen und Wiederloslassen von Blättern.

Der Regenwurm nimmt täglich die 5fache Menge seines Körpergewichtes (etwa 5 Gramm) an Nahrung zu sich und scheidet sie als Wurmkot an der Bodenoberfläche in wasserlöslicher Form wieder aus. Er gräbt sich in den Boden und frißt Erde mit allen pflanzlichen und tierischen Bakterien, Pilzen und allem Kleinstlebewesen im Boden. Beißen kann er nicht, aber sein muskulöser Magen ist eine Art Mühle, die mit Hilfe von Erdkörnchen die Nahrung zerkleinert. In seinen kalziumhaltigen Verdauungssäften neutralisiert er die aufgenommene Säure. In seiner Speiseröhre befinden sich Kalkdrüsen, die den pH-Wert der Nahrung neutralisieren.

So wird die Nahrung vermischt und zu Humusteilen aufgebaut. Regenwurmkot stellt die beste Pflanzerde dar, die man sich denken kann: sie ist 5mal reicher an löslichem Stickstoff, 7mal reicher an löslichen Phosphaten, 11mal reicher an löslichem Kali, 2mal reicher an Magnesium und ein Vielfaches reicher an allen Spurenelementen als die oberen 20 Zentimeter des ihn umgebenden Bodens. Regenwurmkot ist auch reich an Schleimstoffen und Bodenbakterien, die die Krümel zusammenhalten, so daß der Boden bei Regen nicht verschlämmt, sondern wasser- und luftaufnahmefähig bleibt.

Im Verhältnis zu seiner Größe ist der Regenwurm ein wahrer Kraftathlet. Er vermag das 50- bis 60fache seines Eigengewichts an Erde zu bewegen. Selbst in verdichtete Böden, wo nichts mehr wachsen kann, arbeitet sich sein muskulöser Leib hinein. Bei seiner Wühlarbeit in der Erde öffnet er bis zu 1 Zentimeter weite Röhren und oft mehrere Meter tiefe Gänge im Boden. Diese Röhren, deren Wände der Regenwurm mit Schleim- und Kalkabsonderungen – also wertvollen Mineralstoffen – fertigt, machen den Boden luftig und locker. Davon profitieren die Pflanzenwurzeln, die in den verlassenen Regenwurmröhren leicht in größere Tiefen vordringen können. Durch die Regenwurmgänge verteilt sich nicht nur Luft, sondern auch Wasser bis in große Tiefen. Ohne solchen Wasser- und Lufthaushalt gibt es keine Bodenfruchtbarkeit. In gutem Boden kann man bis 500, im Gartenboden bis 1000 Kanäle pro Quadratmeter zählen.

Wieso sich dabei mehrere der unermüdlichen Erdarbeiter offenbar kaum ins Gehege kommen, ist noch nicht erforscht. Die alten Würmer überwintern in Tiefen bis zu 2,50 m, wo keine Frostgefahr besteht. Sie fallen in den Winterschlaf, benötigen also keine Nahrung. Ein Wurm kann 3 bis 10 Jahre alt werden; einige sterben schon nach 1 Jahr.

Schematische Darstellung der Wohnröhre des Regenwurms (Lumbricus badensis)

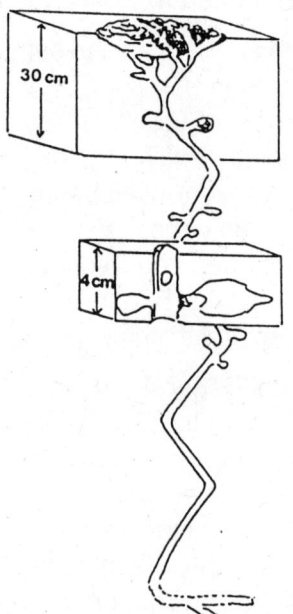

Bauoberfläche:
Lockere Mischung von
Regenwurmexkrementen
und Streu, von Ausfahrten
durchzogen

Seitenkammern in
20–30 cm Tiefe

Kokonablageplätze
in 40–150 cm Tiefe

Röhre mit Kokon-
kammer und Kokon

Knicks als Steig-
und Legehilfe

Funktionsloser Bauabschnitt
in 220–250 cm Tiefe

Bauchseitiger
Nervenstrang

Nervenpaare

Das Nervensystem
des Regenwurms

Regenwurm

Hirnnervenknoten
(-ganglion)

Quelle: Dr. Lechner-Knecht, Kommt und erlebt die Wunderwelt des Waldes,
G. A. Ulmer Verlag, Tuningen

Der Regenwurm, der ein Zwitter ist und sowohl männliche wie weibliche Geschlechtsorgane besitzt, produziert Kokons, die er in die Erde absetzt. Je nach Art sind darin 1–4 Eier enthalten. Der Kokon ist ein Behälter, und die darin enthaltene Flüssigkeit dient dem Jungtier bis zum Schlüpfen als Nahrung. Nach jedem Ausschlüpfen überleben höchstens vier kleine Regenwürmer, die in 3–4 Monaten geschlechtsreif sind. In einer günstigen Umwelt, wie in der Kompostmiete, kann sich der Regenwurm in zwei Jahren vertausendfachen. In der freien Natur hat der Regenwurm viele Feinde, die ihn fressen, im Komposthaufen ist er geschützt und findet ein reiches Nahrungsangebot.

Natürliche Feinde des Regenwurms sind vor allem der Maulwurf, Vögel, Spitzmaus und Tausendfüßler. Doch sein schlimmster Feind ist der Mensch, wenn er mit künstlichen Düngern, roher Gülle oder Pflanzenschutzmitteln arbeitet. Regenwürmer verabscheuen Kunstdünger und chemisch aktivierten Kompost. Sie können durch solche Chemikalien geradezu ausgerottet werden.

Nur wo Regenwürmer sind, gibt es einen ganzheitlich belebten Humus. Der Humus reguliert den Austausch von Sauerstoff und Kohlensäure und ist die Wiege allen Lebens.

Sieben wichtige Regeln für den Edelkompost

1. Der Kompost braucht Kontakt mit dem Boden, vor allem wegen der Regenwürmer, damit sie zuwandern können. Deshalb darf sich keine geschlossene Unterlage aus Stein oder Beton unter dem Komposthaufen befinden.

2. Der Kompost braucht genügend Luft, vor allem die Kompostorganismen benötigen diese für die Verrottung. Es soll keine Fäulnis entstehen. Deshalb sollte man das zu kompostierende Material niemals in eine Grube legen und keine nach allen Seiten geschlossenen Behälter verwenden. Das Substrat muß locker strukturiert sein, damit die Luft stets Zutritt hat. Vor allem für die unterste Schicht von etwa 20 cm Höhe sollte gröberes Material verwendet werden. Darauf feinere Stoffe wie Laub usw. schichtweise oder vermischt, damit der Vorgang sich rasch vollziehen kann. Die Kompostierung muß während der ganzen Dauer unter aeroben Bedingungen vor sich gehen. Durch Zusatz von Erde und Holzasche muß sie in günstigem Bereich gehalten werden (5–10 %, nicht mehr als 30 %).

3. Der Kompost braucht ausreichend Feuchtigkeit. Alle Organismen benötigen Wasser, das in entsprechendem Anteil in fein verteiltem Wasserfilm im Rottesubstrat vorhanden sein sollte. Der Wassergehalt des Substrats sollte etwa 50 % betragen. (Man kann folgende Probe machen: eine Handvoll Material zusammenpressen, wenn Wasser heraustropft, ist das Material zu feucht, wenn es nicht zusammenhält, ist es zu trocken.)

4. Der Kompost braucht ein richtiges C/N-Verhältnis. Das Kohlenstoff-/Stickstoff-Verhältnis sollte etwa 1:30 betragen, d.h. Mikroorganismen brauchen je Gewichtseinheit Stickstoff etwa 30

Gewichtseinheiten Kohlenstoff. Um das C/N-Verhältnis zu regulieren, verwenden die verschiedenen Verfahren organische Stickstoffträger (Stallmist, Blut- oder Hornmehl sowie Stein- und Tonmehl) zur Bildung von Ton-Humus-Komplex. Niemals, zu keinem Zeitpunkt, darf ein Stickstoffverlust eintreten. Das richtige C/N-Verhältnis kann durch gute Vermischung der organischen Rückstände, bevor sie in den Kompost gelangen, erzielt werden.

5. Der Kompost soll sich rasch erwärmen. Beschleunigen läßt sich der Beginn des Rotteprozesses durch Zugabe von Komposterde oder Kompostbeschleuniger. Zusätze von Steinmehl, Algenkalk oder Tonmehl (Bentonit) können bei Bedarf die Bildung der Ton-Humuskomplexe, also eine gute Krümelstruktur des Komposts, fördern.

6. Der Kompost benötigt eine Haut. Der fertig aufgesetzte Haufen wird zugedeckt, um die Wärmeentwicklung zu fördern sowie Feuchtigkeits- und Stickstoffverluste zu vermeiden.

7. Der Kompost soll nach Walderde duften. Er ist fertig, wenn keine Würmer mehr darin arbeiten, dann ist alles zersetzt und abgebaut. Seine Herstellung muß in jeder Hinsicht ein reinlicher Vorgang sein, sowohl im Hinblick auf den Menschen (z. B. keine Verwendung von Fäkalien) wie auch im Hinblick auf die Ernte. In keinem Fall darf jedoch Geruch entstehen. Kompost soll hochwertigen Humus enthalten und frei sein von schädlichen Stoffen. Den gesunden Humusboden erkennt man an seiner dunklen Färbung und krümeligen Struktur. Diese Erde ist locker und durchlässig für Luft und Wasser.

Edelkompostanwendung und ökologische Bodenpflege

Kompost ist nicht gleich Kompost. je nach Alter und Verlauf der Rotte werden verschiedene Reifestadien unterschieden. Wir haben zuerst den Frischkompost, der nach einer kürzeren Verrottungszeit entsteht. Dieser ist für junge, empfindliche Saaten nicht geeignet. Dagegen ist er ein guter Dünger bei robusteren Kulturen. Im Herbst eignet er sich ausgezeichnet für die langfristige Düngung von abgeräumten Beeten oder zum Mulchen.

Der Reifkompost, bzw. Edelkompost entsteht erst nach einer längeren Verrottungszeit und ist besonders durch die Ausscheidungen des Regenwurms ein ausgezeichnet wirkender Dünger für alle Kulturen. Reifer Edelkompost sollte innerhalb von 6 Monaten ausgebracht werden, da sonst Nährstoffverluste eintreten. Er ist gleichmäßig braun, feinkrümelig und angenehm riechend. Er kann in fast beliebig großen Mengen verwendet werden.

Edelkompost verbessert durch seine „luftige" Struktur entscheidend das Bodengefüge. Wasser kann ungehindert ablaufen, es entsteht keine Staunässe und die Wurzeln bekommen genügend Luft zum Atmen.

Durch eine nicht zu fein gesiebte Komposterde wird insgesamt gesehen die Struktur des Gartenbodens also günstig beeinflußt. Für die Anzucht von Sommerblumen und Gemüsesetzlingen verwendet man sinnvollerweise feiner gesiebte Komposterde. Man kann den verteilten Edelkompost zwischen den Gemüsereihen mit der oberen Bodenschicht etwas vermischen, damit er nicht austrocknet und Kontakt mit dem gewachsenen Boden bekommt und in Reichweite der Kleintierwelt gerät. Bei Beerensträuchern, Staudenbeeten Hekken und Obstbäumen kann der Edelkompost auch ungesiebt direkt auf die Erde gelegt werden, sollte aber mit einer Schicht Gras oder

Laub bedeckt werden. Im Sommer kann die Komposterdschicht dikker sein als im Winter.

Man sollte wenigstens einmal im Jahr dem Garten eine mindestens 1 Zentimeter starke Schicht gönnen, da Edelkompost eine Vollwertnahrung für die Pflanzen ist und der Boden eine Regenerierung erfährt. Bei Beeten mit Starkzehrern empfiehlt sich eine zusätzliche Kompostgabe vor dem Anbau und nach der Ernte.

Düngen mit Edelkompost verbessert den Boden sowohl physikalisch als auch chemisch. Der Stoffwechsel der Pflanzen wird günstig beeinflußt, was wiederum die Abwehrkräfte gegen Krankheiten und Schädlinge erhöht. Ein gut mit Edelkompost versorgter Boden ist die beste Garantie für gesundes Pflanzenwachstum. Guter Humus speichert Wasser und Nährstoffe, die darin enthaltenen Humussäuren wirken mild und puffern gegen zu hohe Salz- und Düngemengen. An sich kann man jeden Bodentyp mit Edelkompost und organischer Düngung zu einem guten Gartenboden mit lockerer Struktur machen.

Man unterscheidet:

Sandböden, die leicht und durchlässig sind und deshalb Wasser und Nährstoffe nur schlecht halten können. Mit Beimischungen von ton- und lehmhaltigem Boden, reichlichen Kompostgaben und Mulchdecken, die die Feuchtigkeit halten, kann man diese Böden verbessern. Besonders wichtig ist hier eine ständige Bodenbedekkung, damit der Wasserbedarf und die Nährstoffauswaschung verhindert werden.

Lehmböden, sie sind in der Lage, Wasser, Nährstoffe und Wärme zu speichern und gehören damit zu den fruchtbaren und humusreichen Böden. Kompost und Mulch bereichern diese Böden noch.

Tonböden haben eine schwere und dichte Struktur. Wegen ihrer Wasserundurchlässigkeit staut sich bei Regen die Nässe, bei Trockenheit dagegen wird das Erdreich hart wie Stein. Tonböden sind fruchtbar, sie brauchen aber zu ihrer Strukturverbesserung ab und zu eine Beimischung von Sand und stets Edelkompost. Hier muß das Bodenleben stark gefördert werden, damit Nährstoffe freigesetzt werden können. Tiefwurzelnde Gründüngung ist für eine Lokkerung des Bodens zu empfehlen.

Moorböden sind torfhaltig und sauer. Besonders wichtig für sie sind überwinternde Gründüngungskulturen. Sie können mit Zusätzen von Tonerde, Gesteinsmehl und Algenkalk in Verbindung mit Edelkompost verbessert werden.

Will man gesunden Boden lebendig erhalten oder auch einen in seiner Struktur geschädigten porenlosen Boden wieder beleben, muß man neben der Verwendung von reifem Edelkompost zwei wesentliche Faktoren beachten, die auch als goldene Regel für die Kompostherstellung gelten.

Schematische Darstellung eines Bodenkrümels

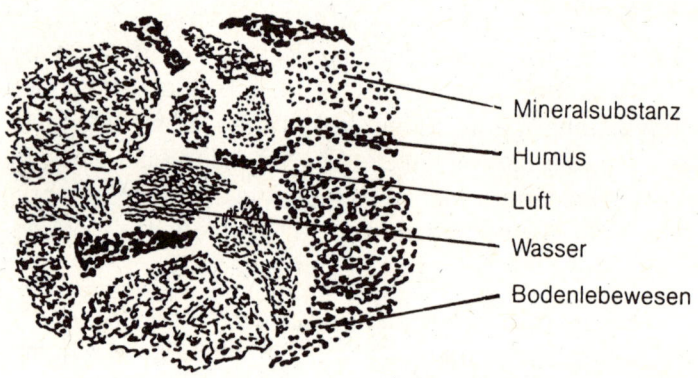

- Mineralsubstanz
- Humus
- Luft
- Wasser
- Bodenlebewesen

Krümel sind rundliche Bodenteilchen mit einem Durchmesser von 1 mm bis 1 cm. Sie bestehen sowohl aus mineralischen als auch aus organischen Bestandteilen, aus Ausscheidungen der Kleinstlebewesen und aus Poren, die entweder mit Luft oder mit Wasser gefüllt sind.

Quelle: BUND, Naturschutz beginnt im Garten, BUND Kampagnenabteilung, Bonn

Der Boden braucht eine schützende Haut, unter der sich das Bodenleben aktivieren kann, und er braucht Luft bzw. Sauerstoff, dies geschieht aber nicht durch Umgraben.

Eine der Hauptaufgaben des Humus ist die Schaffung eines großen Porenraumes, welcher die Faserwurzeln der Pflanzen mit dem für ihre Tätigkeit notwendigen Sauerstoff aus der Luft versorgt, die überschüssige Kohlensäuremengen aus dem Boden entströmen läßt, das Bakterienleben begünstigt und infolge der großen Mengen von Wasserhäutchen die Nährstoffe in gelockerter Form in einem aufnehmbaren Zustand darbietet. Ebenso wie der Mensch durch die Poren der Haut atmet, findet also auch im Boden ein Austausch von Luft und Kohlensäure statt. Dabei spielt das sogenannte Porenvolumen, das sind die Hohlräume im Boden, die wir größtenteils den Regenwürmern verdanken, eine ganz entscheidende Rolle. Als optimal gilt, wenn der Boden 50 % Hohlräume aufweist, davon die eine Hälfte mit Luft, die andere mit Wasser (als Haftwasser an Bodenkrümel) gefüllt ist.

Die Arbeit mit dem Spaten ist ein störender Eingriff in die natürliche Schichtung des Bodens. Beim Umgraben werden alle Bodenschichten durcheinander geworfen und die luftliebenden Lebewesen nach unten befördert, praktisch begraben. Dagegen werden die luftfliehenden Organismen nach oben befördert, wo sie gar nicht leben können. Es bedarf also nach jedem Umstechen einer völligen Neuorganisation der Bodenschichten. Nur bei sehr schweren Böden empfiehlt es sich, anfangs ein- oder zweimal umzugraben.

Statt umzugraben sollten wir deshalb den Boden mit einer Grabgabel nur lockern. Diese wird bis zum Stiel in die Erde gestoßen und vorwärts und rückwärts bewegt. Auf keinen Fall darf die Erde gewendet werden! So wird der Boden in Streifen von etwa 10 cm Abstand bearbeitet. Man kann auch einen Sauzahn verwenden, der, ohne die Bodendecke zu zerstören, durch das Erdreich gezogen wird. Die Beete sollen also nur gelockert werden, ohne daß die gewachsenen Schichten durcheinander geworfen werden. Muß im Herbst motorisiert gearbeitet werden, dann nur ein flaches Umackern, denn wer die Humusbildung dauernd zerstört, zerstört damit auch seine eigene Gesundheit.

Im Prinzip muß ein Boden von oben nach unten aufgebaut und gelockert werden. Die „Belebung" des Bodens kann nicht durch mechanische Bearbeitung, sondern nur durch biologische Aktivitäten dauerhaft erreicht werden. Dazu sind Bodenbedeckung und Edelkompostgaben geeignet.

Ein weiterer wichtiger Faktor ist neben der Lockerung des Bodens die Bodenbedeckung (Mulchen). Unbedeckte Erde ist unnatürlich; überall dort, wo Boden freiliegt, bilden sich nach kurzer Zeit Gräser und Kräuter, die bald zu einer geschlossenen Decke zusammenwachsen. Mit ihren Wurzeln halten sie die Krümel der Humusschicht fest und schützen mit ihren Blättern das Erdreich vor Sonne und Wind. Wo das nicht der Fall ist, kann auch ein fruchtbarer Boden verkrusten. Gartenbesitzer sollten immer daran denken, bevor sie zu einer Harke greifen, um die Beete blank zu kratzen.

So wie alles Bodenleben bei fehlender Bodendecke stagniert oder sich nur sehr langsam entwickelt, so ungeheuer ist die Vermehrungskraft unter einer sachgemäß angelegten permanenten Decke. Lassen Sie deshalb nie ein Stück Boden unbedeckt. Die Natur tut es auch nicht. Mit einer Bodenbedeckung ahmen wir die Natur nach. Der Waldboden ist nie nackt. Unter ihm befindet sich viel duftender Humusboden. Er ist die beste Ernährung für Regenwürmer und Springschwänze und viele Mikroorganismen.

Wird die Erde mit einer Mulchschicht geschützt, wird das Bodenleben ernährt und kann ungestört arbeiten. Die Erde bleibt dadurch länger warm und feucht und der Wind kann sie nicht so schnell austrocken. Sie kann auch von starken Regengüssen nicht ausgewaschen und von sengender Sonne nicht steinhart gemacht werden. Dies alles verhindert die Bodendecke. Gemulchte Flächen wiesen gegenüber unbedeckten nach längerer Trockenheit einen um 55 % höheren Gehalt an Bodenwasser auf. Die Wuchsleistung war 175 % höher. Im Winter kann selbst bei einigen Grad Frost unter der schützenden Decke noch die Kleintierwelt an der Fruchtbarkeit des kommenden Gartenjahres arbeiten.

Ein mit Mulch bedeckter Boden macht weniger Arbeit, da er nicht so oft gelockert und durchlüftet werden muß; er braucht auch weniger Wasser und unterdrückt mit seiner Decke unerwünschte Wildkräuter. Der Boden wird mit Nährstoffen gedüngt und das Leben darin aktiviert. Die Humusschicht wächst von selbst.

Das zerkleinerte Mulchmaterial sollte auf den gelockerten Boden aufgetragen werden. Eine dünne Mulchschicht ist besser als eine dicke unter der sich sauerstoffarme Zonen mit Fäulnis bilden können. Das gebräuchlichste Mulchmaterial sind die über das Jahr anfallenden Gartenabfälle. Sie werden an Ort und Stelle zerkleinert und auf den Beeten liegengelassen oder unter Sträucher und auf Baumscheiben ausgebreitet. Rasenschnitt eignet sich sehr gut; er sollte einige Stunden im Garten liegengelassen werden und antrocknen; bevor er verwendet wird; so vermeidet man das Zusammenkleben der Masse.

Auch Laub ist gut zur Bodenbedeckung, besonders wenn es schon leicht angerottet und mit etwas Kompost versetzt ist. Günstig ist auch Frischkompost und ungesiebter Edelkompost. Auch Rindenmulch ist geeignet. Wichtig beim Mulchen ist, daß wie bei der Kompostherstellung ein Rotteprozeß entsteht, also ein Abbauvorgang unter Zufuhr von Sauerstoff. Grüne und saftige Pflanzenteile dürfen deshalb stets nur dünn aufgetragen werden, sonst kleben sie ja zusammen, und es kommt zu Fäulnis. Trockeneres Material, wie Stroh oder Holzhäcksel, kann direkt aufgetragen werden (bis 10 cm). Bei diesem Material ist jedoch dafür zu sorgen, daß es immer gut durchfeuchtet ist, da die Bodenorganismen es sonst nicht verwerten können.

Ein leichtes Vermischen der organischen Abfälle mit den oberen 1–3 Zentimetern der Muttererde ist allgemein förderlich, wie es auch günstig ist, den organischen Dünger auf feuchtes Land aufzubringen oder zu einer Zeit, wo alsbald Regen oder starkes Tauen zu erwarten ist.

Die Vorteile des Mulchens

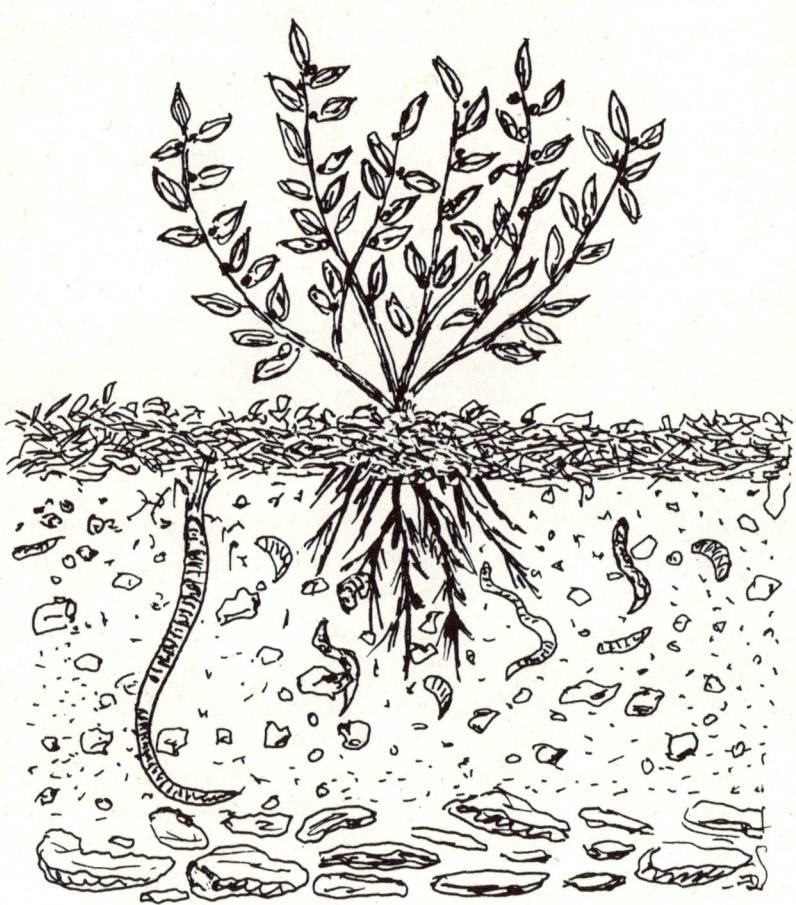

Mulchen aktiviert und ernährt das Bodenleben, bringt Nachschub von Nährstoffen für die Pflanzen, erhält die günstige Krümelstruktur des Bodens, schützt vor Austrocknung, bewahrt die Bodenfeuchtigkeit, unterdrückt unliebsame Wildkräuter und verhindert die Erosion.

Quelle: BUND, Naturschutz beginnt im Garten, BUND Kampagnenabteilung, Bonn

Die Gare der oberen Bodenschicht entsteht durch Bakterien, die von den zerfallenden organischen Stoffen leben und Kolonien bilden. Dies geschieht besonders dann, wenn genügend Wärme und Feuchtigkeit vorhanden sind. Die mikrobielle Gare gibt es nur in Jahreszeiten, in denen der Boden warm ist. Zerfallen die Bakterien in der Zeit, in der die Pflanze wächst, so geht ein Teil ihrer Leibessubstanz unmittelbar in die Wurzelregion über, vor allem durch die Schwemmwirkung des Regens, und tritt in die Pflanze als Nahrung ein. Durch ein vielgestaltiges Bodenfutter, eine reichliche Auswahl an organischen Stoffen läßt sich eine mannigfaltige Arbeitsgemeinschaft der Mikroben zustande bringen. Das von ihnen hinterlassene Material, die Pflanzennahrung, ist dann vielfältig bearbeitet worden und bietet den Pflanzen eine reiche Auswahl an organischen Nährstoffen.

Eine Abdeckung unter den Bäumen mit organischem Material schützt den Boden vor Austrocknung und Verkrustung; die Bodentemperaturen und die Bodenfeuchtigkeit sind dann ausgeglichen. Dies aktiviert das Bodenleben und garantiert so eine ständige Versorgung der Obstbäume mit den erforderlichen Nährstoffen. Zusätzlich wird eine günstige Krümelstruktur geschaffen, die Voraussetzung für einen humusreichen Boden und dauerhafte Bodenfruchtbarkeit ist.

Versorgt man die Baumscheibe zusätzlich im Frühjahr mit bereits halbverrotteten Materialien und Kompost, können auf ihr auch gut Kapuzinerkresse, Tagetes oder Phacelia ausgesät werden. Dies sieht nicht nur schön aus, es ist auch nützlich. Die Kapuzinerkresse hält Läuse von den Bäumen ab, Tagetes wirkt im Bodenbereich fördernd durch ihre Wurzelausscheidungen (nematodenfeindlich) und Phacelia lockt Bienen an, liefert zudem viel Grünmasse und ist ein erstklassiger Bodenverbesserer. Ihre Pflanzensubstanz ergibt einen wertvollen Humus. (Siehe die Broschüre: „Die Pflanze der Zukunft, Phacelia, das grüne Gold" (G. A. Ulmer Verlag, Tuningen).

Sät man auf der Obstbaumscheibe Wicken, Klee, Luzerne oder Lupinen aus, versorgen diese Leguminosen die Obstgehölze mit

Stickstoff, da sie diesen aus der Luft zu pflanzenverfügbaren Verbindungen umbauen können.

Skeptiker des Mulches äußern oftmals die Befürchtung, daß eine Mulchschicht sogenannte Schädlinge, wie Schnecken und Wühlmäuse, anzieht. Deshalb wird beim Mulchen folgendes berücksichtigt:

Ergibt sich im Garten eine Schneckenplage, eignet sich als Mulchmaterial halbreifer Kompost. Langfristig sind bei einer Schneckenplage die natürlichen Gegenspieler, wie Erdkröte, Spitzmaus und Igel, zu fördern, was durch die Anlage von naturnahen Gartenelementen, wie Teich, Reisig- und Steinhaufen, geschieht.

Wer ökologisch bewußt gärtnert, bewacht und steigert alle guten Eigenschaften des Bodens, indem er seine Beete regelmäßig mit Edelkompost und einer Mulchdecke versorgt. So „füttert" er das Bodenleben und sorgt dafür, daß es unter besten Bedingungen arbeiten kann.

Auskunft über die Kalkversorgung gibt der pH-Wert des Bodens. Die meisten Pflanzen lieben einen schwachsauren bis neutralen Boden (6,5–7,5 pH-Wert). Bei niedrigen pH-Werten helfen Gaben von Algenkalk (Algomin), zu hohe pH-Werte können durch saure Laubkomposterde reguliert werden. An sich wird durch reichliche Humusgaben ein guter pH-Wert erreicht.

Wer ökologisch bewußt ist, pflanzt keine Monokulturen, weder an Blumen noch an Gemüse. In Monokultuen können nämlich Schädlinge höchst bequem von einer Futterstelle zur anderen gelangen. Wenn man in jeder Reihe eine andere Pflanzenart anbaut, ergeben sich natürliche Barrieren.

Ertragreiche und erfolgversprechende Kompostverwendung im Hügelbeet, im Hochbeet, im Etagenbeet und im Vario-Komposter

Wer das organische Material sinnvoll anwenden und sich gleich höherer Erträge im Garten erfreuen will, kann ein Hügelbeet anlegen. Das Hügelbeet selbst ist ein nach bestimmten Regeln speziell angelegter Komposthaufen, der mit Erde bedeckt und bepflanzt wird. Durch die Hügelform vergrößert sich die Oberfläche und damit auch die Anbaufläche, es sollte aber nicht zu steil abfallen. Die beste Zeit zum Anlegen eines Hügelbeetes ist der Herbst. Das Beet kann sich während des Winters absetzen, so daß das Säen und Pflanzen im Frühjahr ohne Schwierigkeiten durchgeführt werden kann. Damit die Besonnung optimal ist, sollte es in Nord-Südrichtung gebaut werden und in einer 1,4–1,6 m breiten, flachen Mulde stehen. (Man hebt den Boden einen Spaten tief aus und verwendet diese Erde später für den Beetaufbau). In den Kern des Hügelbeetes kommen grobe Teile, Zweige und Äste, wie sie im Herbst beim Baumschnitt anfallen. Sie können bis zu 5 cm dick sein. Sie werden auf 20–40 cm Länge gehackt. Sie können mit Algenkalk noch eingepudert werden. Man kann auch Zweige vom Lebensbaum (Tuja occidentalis) oder Holunderzweige unten einlegen, weil diesen Geruch die Wühlmäuse meiden. Auch ein engmaschiger Draht schützt vor ihnen.

Dann wird mit umgekehrt aufgeschichteten Grassoden oder Erde abgedeckt. Darauf kommt eine etwa 20 cm dicke Schicht Laub, vermischt mit Küchen- und Gartenabfällen. Hier kann man eine Zugabe von Horn- oder Knochenmehl geben. Dann kommt etwa 15 cm dick grober, bzw. halbverrotteter Kompost und darauf eine Schicht Gartenerde mit reifem Edelkompost gemischt. Alle Schichten, außer der obersten Edelkompostschicht, werden festgetreten. Dann wird es mit organischem Abdeckmaterial (Stroh, Gras oder kleingehackte Gartenabfälle) abgedeckt. So überwintert das Beet.

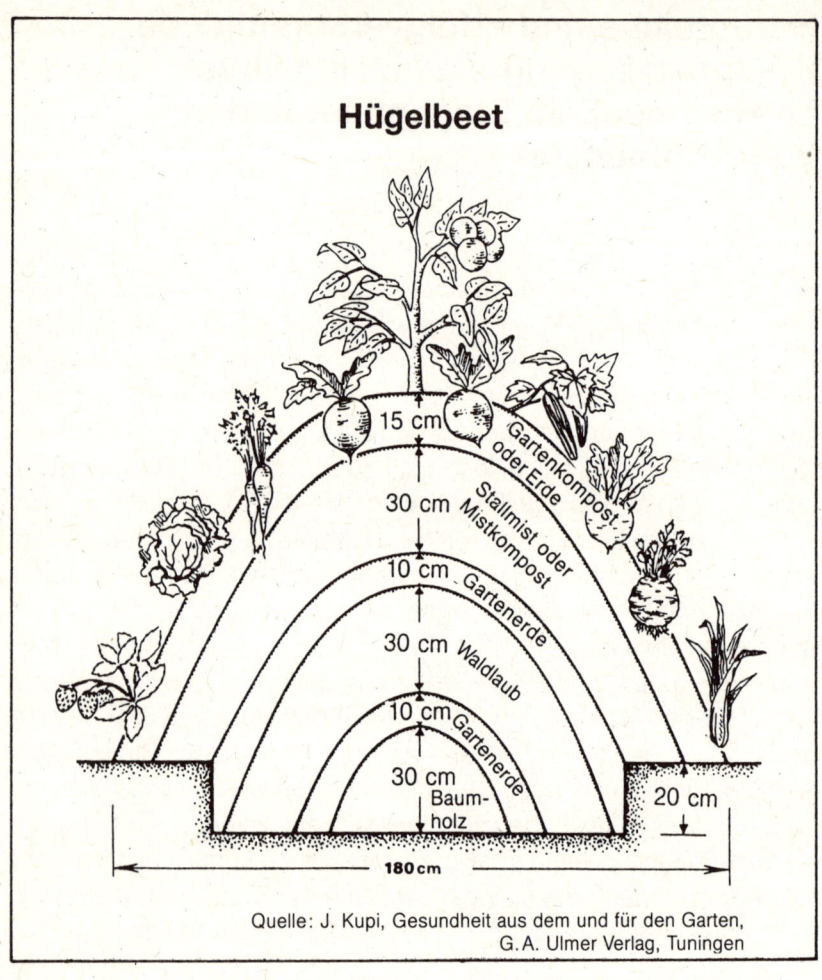

Hügelbeet

15 cm Gartenkompost oder Erde

30 cm Stallmist oder Mistkompost

10 cm Gartenerde

30 cm Waldlaub

10 cm Gartenerde

30 cm Baum-holz

20 cm

180 cm

Quelle: J. Kupi, Gesundheit aus dem und für den Garten,
G. A. Ulmer Verlag, Tuningen

Durch den schichtweisen Aufbau energiespendender Materialien erwärmt sich das Beet im Frühjahr besonders schnell. So kann bis zu 3 Wochen früher gepflanzt werden. Die Temperatur im Beet ist immer etwas höher als in den Flachlandbeeten. Der Bodenfrost wird abgeschwächt und ein freudigeres Wachstum erreicht. Außerdem verfügen die Pflanzen über einen großen Nährstoffvorrat. Früheres Ernten und höhere Erträge sind die Folge, aber auch ein erhöhter Wasserbedarf, dem man Rechnung tragen muß, da die Wasserzufuhr aus dem Boden durch den groben Unterbau des Beetes unterbrochen ist. Eine Gießrinne auf dem Scheitel des Hügelbeetes erleichtert die Bewässerung; aber auch hier gilt: Gießen nur nach Bedarf.

Wird das Beet mit einer Mulchschicht bedeckt, erübrigt sich zuweilen das Hacken und das Gießen. Außerdem hält das Mulchen die Feuchtigkeit und dämpft die Temperaturschwankungen zwischen Tag und Nacht. Gleichzeitig bietet es Nahrung für Bodenlebewesen.

Mit fortschreitender Verrottung sinkt der Hügel mehr und mehr in sich zusammen und nach etwa 6 Jahren ist das Hügelbeet nicht mehr zu verwenden, da auch die Holzteile in seinem Innern verrottet sind. Aus dem Hügelbeet ist beste, schwarze Gartenerde geworden. Bis dahin kann ein neues Hügelbeet gebaut werden.

Das Hügelbeet läßt eine intensive Mischkultur zu. Im ersten Jahr können Tomaten, Kohlrabi, Blumenkohl, Radieschen, Sellerie und Gurken und im zweiten Jahr Karotten, Zwiebeln und Salatarten angepflanzt werden. Dann können Bohnen, Erbsen, Schwarzwurzeln usw. kommen.

Da eventuell im ersten Frühjahr nach der Anlage des Hügelbeets höhere Nitratwerte auftreten könnten, empfiehlt es sich, im ersten Jahr keine Pflanzen die „Nitratsammler" sind, wie Rettiche, Spinat, Salat, Petersilie und Mangold zu pflanzen.

Anlage eines Hochbeetes

Ein Hochbeet hat alle Möglichkeiten wie ein Hügelbeet, darüber hinaus hat es aber den Vorteil, daß man sich nicht zu bücken braucht. Es ist eine stabilere Angelegenheit als das Hügelbeet. Wichtig ist, daß das Hochbeet freisteht und nicht durch große Bäume und Sträucher beschattet wird. Sein Standort ist nicht an einen Gemüsegarten gebunden, sondern kann sich beispielsweise auf einer größeren Rasenfläche befinden oder auf einer Terrasse. Seine Nutzung ist viele Jahre möglich.

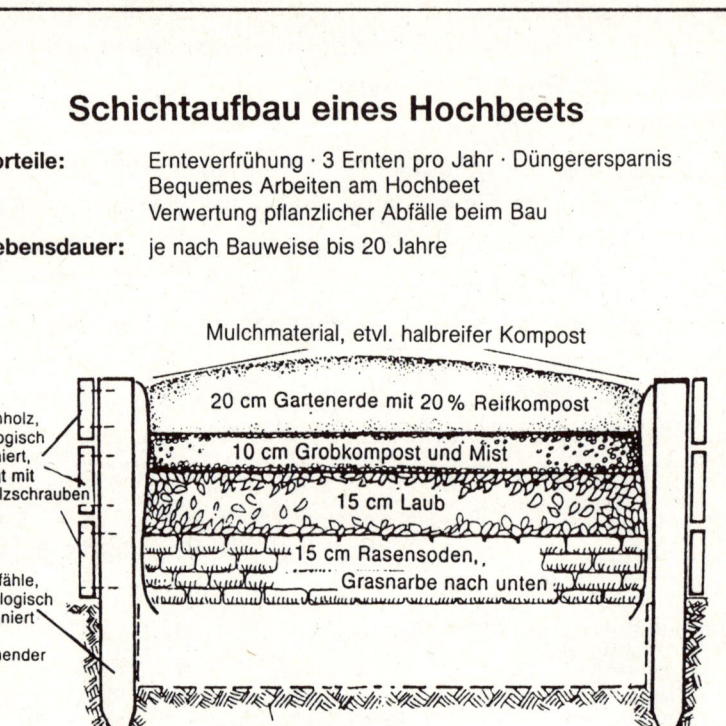

Schichtaufbau eines Hochbeets

Vorteile: Ernteverfrühung · 3 Ernten pro Jahr · Düngerersparnis
Bequemes Arbeiten am Hochbeet
Verwertung pflanzlicher Abfälle beim Bau

Lebensdauer: je nach Bauweise bis 20 Jahre

Mulchmaterial, etvl. halbreifer Kompost

20 cm Gartenerde mit 20 % Reifkompost

Rahmenholz,
baubiologisch
imprägniert,
befestigt mit
Senkholzschrauben

10 cm Grobkompost und Mist

15 cm Laub

15 cm Rasensoden,
Grasnarbe nach unten

Stützpfähle,
baubiologisch
imprägniert

Anstehender
Boden

feiner Maschendraht
(Wühlmausschutz)

Querschnitt durch den Aufbau eines Hochbeetes, doch muß man sich nicht streng daran halten, falls auch anderes Material zur Hand ist.

Alle Pflanzen auf dem Hochbeet kommen in den vollen Genuß des Sonnenlichts, und es trocknet auch nicht so schnell aus wie ein Hügelbeet. Besonders für ältere Menschen oder für Behinderte ist es die ideale Anbaufläche. Ist das Beet mit einem Plattenweg umsäumt, können auch Behinderte vom Rollstuhl aus ihrem Hobby nachgehen und leichte Arbeiten ausführen. Es ist ein bequemes Arbeiten. Es gibt drei Ernten pro Jahr und besonders eine frühe Ernte durch die Wärmeentwicklung der Verrottung der Abfälle im Innern des Hochbeetes, genauso wie im Hügelbeet.

Für das Hochbeet braucht man eine Umrahmung, die das Beet hält. Man kann ein solches Beet auch mauern. Höhe maximal 80 cm, Breite 1,5 m (Außenmaß), Länge beliebig. Beim Hochbeet haben wir etwa den gleichen Aufbau wie beim Hügelbeet. Zuerst wird das Erdreich etwa 20−25 Zentimeter tief ausgehoben, dann wird ein feiner Maschendraht, der vor Wühlmaus-Einwanderern von unten her schützt, bis zum Erdoberflächenniveau hochgeführt. Dann wird, wie beim Hügelbeet, die unterste Lage mit holzigen Abfällen ausgefüllt. Darauf kommen 15 cm Grassoden, mit den Grasnarben nach unten. Danach folgen 15 cm Laub, das bereits im Herbst gesammelt wurde; dann 10 cm Grobkompost, eventuell mit Mist vermischt. Zum Schluß etwa 20 cm gute Gartenerde, die aus $4/5$ Gartenerde und $1/5$ reifem Edelkompost gemischt ist. Da sich Hochbeete nach dem Einfüllen mehr oder weniger stark setzen, empfiehlt es sich, noch weitere Gartenerde zum Auffüllen bereitzuhalten. Infolge seiner freien Lage ist der Wasserbedarf des Hochbeets größer als bei normalen Beeten, weshalb unbedingt Regenwasser verwendet werden muß. Aus ökologischen Gründen sollte grundsätzlich Regenwasser im Garten gesammelt und verwendet werden. Es muß aber vor Licht geschützt werden. Wenn man es dunkel hält, dann bleibt es einwandfrei.

Wer ein Hochbeet nicht selber bauen will, dem sei das Universal Etagenbeet (System Bantle, Kirchstr.6, Oberndorf-Hochmössingen, Tel. 0 74 23/21 07) empfohlen. Es ist eine neuartige Konstruktion eines Hochbeets im Baukastensystem (ges. gesch.) mit Mehrfachfunktion und einem naturgerechten Kreislaufsystem, das optimal funktioniert.

Die besonderen Vorteile dieses bodenfreien Etagenbeetes sind:

1. Bequemes Arbeiten im Stehen ist gewährleistet, da man die Höhe des Beetes nach der Körpergröße variieren kann.

2. Es kann überall aufgestellt werden. Es ist ausbaufähig und kann vergrößert werden.

3. Es gibt keine Staunässe, da es freitragend ist, auch keine Schnecken und keine Wühlmäuse.

Etagenbeet (System Bantle, ges. gesch.)

4. Es ist jederzeit einsetzbar als Frühbeet und als Ganzjahresbeet (bei nicht zu kalten Wintern) und es besteht für das Beet weniger Bodenfrostgefahr.

Das Etagenbeet ist besonders geeignet für den Anbau von *Gewürzen:* z. B. Petersilie, Schnittlauch, Dill, Basilikum, Boretsch, Bohnenkraut, Majoran, Salbei, Schalottenzwiebeln, Pimpinelle usw.

Salaten: z. B. Ackersalat, Kresse, Kopfsalat, Pflücksalat, Eissalat, Zuckerhut, Radicchio, Endivien, Radieschen usw.

Gemüse: z. B. Spinat, Kohlrabi, Möhren, Rote Bete, Buschbohnen, Sellerie, Blumenkohl, Brokkoli, Lauch, Blau- und Weißkraut usw.

Kompostsilo mit Pflanzenbeet

Es gibt neben dem normalen Holz-Kompost-Silo noch eine weitere Variante, den Bio-Vario-Komposter (System Bantle). Er dient in erster Linie als Kompost-Behälter. Ist der Behälter voll, kann er anschließend als Pflanzenbeet benutzt werden. Der Bio-Vario-Komposter ist in jeder Größe ausführbar. Er ist äußerst stabil und robust und kann überall ohne Probleme aufgestellt werden. Nur umweltbezogen einwandfreie Materialien werden dafür verwendet. Die Holzteile sind nach einem besonderen biologischen Verfahren, wie beim Etagenbeet, haltbar imprägniert.

Der Bio-Komposter Vario eignet sich gleichzeitig auch vorzüglich für die Anlage eines Hochbeetes mit allen seinen Vorteilen. Als äußerst günstig und wirtschaftlich erwies sich hierbei eine Kombination Kompostsilo- und Hochbeetbenutzung. So ist auf der einen Seite die Abfallverwertung und auf der anderen Seite die Edelkompostnutzung hervorzuheben; ohne Probleme läßt sich auch hieraus ein Frühbeet gestalten. Ein solches System, das auf das natürliche Kreislaufsystem der Natur aufgebaut ist, kann die Umwelt- und Müllprobleme lösen.

Schlußgedanken

Nachdem heute überall die Mülldeponien überquellen, ist es ein dringendes Gebot, alle kompostierbaren Müllanteile abzutrennen und dem naturgerechten Recycling zuzuführen. Gerade die Naßanteile im Müllgemisch führen, zusammen mit den Schadstoffen, zu schweren umweltschädigenden Reaktionen.

Jeder kann seinen persönlichen Beitrag zu einem naturgerechten Recycling leisten. Recycling (engl.) bedeutet Wiederverwertung bereits genutzten Materials. Da in unserer heutigen Zeit so viele Rohstoffe verbraucht werden, ist die Rückführung in den Kreislauf der Natur ganz besonders wichtig und sollte für jeden eine dringende Pflicht sein. Auf diese Weise kann der Müllberg mindestens um ein Drittel verringert und wertvoller Humus gewonnen werden. In der Natur wird alles organische Material in Humus und weiter in neues Leben umgewandelt, ohne daß es irgendwo Rückstände oder sich anhäufende Abfälle gäbe. Gerade die Kreisläufe spielen eine Hauptrolle im Haushalt der Natur.

Die Natur bietet uns so ein kostenloses, phantastisch organisiertes System an, in dem unzählige Helfer für uns zum Nulltarif tätig sind, wenn wir sie schützen und ernähren durch Kompost und Mulchdekken. Die wichtigen Nährstoffe wie Stickstoff, Phosphor und Kali werden durch die Mikroorganismen nach und nach freigesetzt und als langsam fließende Nahrungsquelle dem Boden zur Verfügung gestellt. Gleichzeitig wird auch durch den hohen Anteil an organischer Substanz der lebenswichtige Humus vermehrt. Die Umwandlung von organischen Abfällen in eine höchst fruchtbare Humuserde ist eines der größten Wunder der Natur.

Die Schule der Natur lehrt uns, die Pflanzen nicht mit fertigen chemischen Nährlösungen zu düngen, sondern das milliardenfache Leben im Boden mit den Abfällen aus Küche, Garten und Umwelt zu nähren und es ihm zu überlassen, daraus und aus den Stoffen des Erdbodens eine geeignete Nahrung für neue Pflanzen herzustellen. Dies geschieht mit einer Vollkommenheit, wie es keinem Chemiker möglich ist. „Düngen heißt nicht, die Pflanzen füttern, sondern den Boden lebendig machen" (Dr.Fritz Caspari).

Auch wir sind ein Teil der Natur. Wenn wir die Natur zerstören, zerstören wir letzten Endes uns selbst. Hier muß noch ein wesentlicher Faktor erwähnt werden, der heute sehr akut ist. Saure Niederschläge, die durch das in der Abluft von Industrie, Verkehr und Hausbrand in der Atmosphäre auftretende Schwefeldioxid, das zu Schwefelsäure und sauren Sulfaten oxidiert und in Verbindung mit der Luftfeuchtigkeit als „Saurer Regen" niedergeht, können zu einer Versauerung des Bodens führen. Außerdem wird das sich reichlich im Boden befindende Aluminium, das an Mineralien und Sauerstoff gebunden ist, durch die Säure gelöst. Aluminium-Ionen werden aus dem Metallgitter herausgelöst, gelangen in die Bodenlösung und zerstören das Feinwurzelwerk, ebenso die Wasserspeicherfähigkeit des Bodens. Auch Magnesium, das ein wichtiges Nährelement für die Pflanzen ist, wird durch Säure-Ionen mobilisiert und aus dem Boden ausgewaschen. Der Boden verarmt an Magnesium und Kalzium. Durch die Versauerung des Bodens und die Belastung durch Schwermetallionen wird die Tätigkeit der Bodenorganismen, Bakterien, Pilze und Regenwürmer sehr gehemmt.

Überall stellen wir eine zunehmende Verarmung der Böden an Spurenelementen und Mineralien fest. Diese steht mit den Mangelerscheinungen und zunehmenden Erkrankungen der Pflanzen, Tiere und Menschen in engem Zusammenhang. Was dem Boden fehlt, fehlt auch dem Menschen.

Die Qualität unserer Nahrung hängt also von der Qualität unserer Böden ab.

Düngen mit Komposterde verbessert den Boden sowohl physikalisch als auch chemisch. Der Stoffwechsel der Pflanzen wird günstig beeinflußt, was die Abwehrkräfte gegen Krankheiten und Schädlinge erhöht. Ein gut mit Edelkompost versorgter Boden ist die beste Garantie für gesundes Pflanzenwachstum. Deshalb ist die Zuführung von Edelkompost in den Boden so sehr wichtig.

Zur Vermehrung des wertvollen Komposts und zur Verbesserung der Bodenqualität kann jeder beitragen. Wir müssen unsere Umwelt besser verstehen lernen und das Gleichgewicht in der Natur wieder herstellen, ehe es dafür zu spät ist. Nur gute Humuserde ermöglicht das Heranwachsen einer gesunden Nahrung. Je besser der Boden ist, desto gesünder werden die Pflanzen sein und damit auch die Menschen. Auch der Organismus „Mutterboden" ist ein Lebewesen, das geachtet und erhalten werden muß. Tun wir dies, werden wir belohnt mit guten Ernteergebnissen und darin werden wir auch Gesundheit und neue Lebenskräfte finden.

Literaturverzeichnis

Bruce, M. E.: Gartenglück durch Schnellkompost, Waerland Bewegung, Mannheim

Bund für Umwelt und Naturschutz: Naturschutz beginnt im Garten, BUND, Kampagneabteilung, Bonn, 1988

Bund Naturschutz in Bayern e.V., Ökologischer Garten, Fischer Taschenbuch Verlag, Frankfurt/M.

Gärtnern ohne Gift, Verbraucher Zentrale Hamburg e.V., 1983

Gartenerde, Grundlage der Fruchtbarkeit, Bio-Fibel 82, Neudorf, Emmental

Görlich, I. J.: Fruchtbare Erde, Oberbayerisches Volksblatt, Rosenheim

Güdemann, Ursula: Kompostieren = Schließen eines Naturkreislaufes, Vita-Sana-Magazin 5/91

Henning, Erhard: Regenwürmer, Wurzel und Boden, Verlag T. Marcell, München 19

Heyer, Gustav von: Der Regenwurm, Eigenverlag, Hamburg 76

Heynitz, Krafft von: Kompost im Garten, Verlag Eugen Ulmer, Stuttgart, 1992

Johnson, Cecil E.: Die lebendige Welt im Komposthaufen, Riverside City College, National Geographic Magazin, August 1980

Kaegelmann/Wilms: Praktische Gebrauchsanleitung zur Humusproduktion und Kompostregenwurmzucht, Verlag zur heilen Welt, Schladern/Sieg, 1984

Kompostfibel, Obst- und Gartenbauverein Tuningen

Kompost – Humus –Wachstum, Landkreis Göppingen, 1986

Krepf/Petterson/Schaumann: Biologische Landwirtschaft, Verlag Eugen Ulmer, Stuttgart

Kreuter, Marie-Luise: Der biologische Garten, Wilhelm Heyne Verlag, München

Kühnel, Wilhelm: Bodenbiologie, Verlag Herold, Wien

Kupi, Josef: Gesundheit aus dem und für den Garten, G. A. Ulmer Verlag, Tuningen, 1990

Naturschutz beginnt vor der Haustür, Umweltbundesamt, 1989, Berlin

Pflanzenerzeugung in Baden-Württemberg, Boden – Pflanzen – Nahrung, Ministerium für Ernährung, Landwirtschaft und Forsten, 1988

Pflanzen, Gradmesser der Umwelt, Bundesministerium für Gesundheit und Umweltschutz, Wien, 1978

Schneider, Peter/Günther, Irmhild: Asseln, Bild der Wissenschaft 2/1982

Schulze, Manfred: Bio-Garten-Ratgeber, G. A. Ulmer Verlag, Tuningen, 1993

Tiemann, Horst: Bericht über den Besuch der 2. Schweizerischen Ausstellung für Garten- und Landschaftsbau, Basel

Umweltbewußt Gärtnern, Tips für den Hausgarten, Fördergem. Integr. Pflanzenbau e.V., Bonn

Wieler, Immanuel: Kompost, was ist das? Obst und Garten 9/1982, Verlag Eugen Ulmer, Stuttgart

Im gleichen Verlag erschienen:

M. Schulze: **Bio-Garten-Ratgeber**
Gesundes Gemüse aus dem eigenen Garten, nährstoffreich, schadstoffarm, vollwertig, ist in der heutigen Umwelt ein Schatz der Natur, auf den wir nicht verzichten dürfen. Manfred Schulze, Gärtnermeister für Biogemüse im Atem-Sanatorium in Fürnsal, berichtet aus seiner über 30jährigen Praxis von seinen Anbaumethoden, die er immer wieder überprüft, verbessert und erfolgreich angewendet hat.
192 S., 21 Abb., brosch. ISBN 3-924191-62-X

G. A. Ulmer: **Phacelia – die Pflanze der Zukunft**
Phacelia ist eine Pflanze, die eine besondere Wirkung auf die Bodenstruktur ausübt. Sie hat einen hohen Gründüngungswert, fördert die Bodengare und erfüllt eine wichtige Funktion als ausgezeichneter Nektar- und Pollenspender.
24 S., 3 Abb., geh., ISBN 3-924191-40-9

G. A. Ulmer: **Wirksamer Vogelschutz im Garten und ums Haus**
Der Lebensraum der Vögel wird immer mehr eingeengt und vergiftet. In diesem Buch werden Hinweise gegeben für Nisthilfen und für die Gestaltung eines geeigneten Lebensraumes für Vögel; ebenso auch für die Winterfütterung. Vogelschutz ist Lebensschutz!
64 S., 20 Abb., brosch., ISBN 3-924191-33-6

K. E. Lotz: **Willst du gesund wohnen?**
Dieses Buch ist eine Bau- und Wohnfibel für jedermann. Neueste baubiologische Erkenntnisse, das gesunde Haus in allen Einzelheiten, vom gesunden Bauplatz, der gesunden Haustechnik bis zur gesunden Umwelt des Hauses werden verständlich dargestellt.
234 S., 60 Abb., brosch., ISBN 3-924191-49-2

Lotz/Ulmer: **Einführung in die Bau- und Wohnökologie**
Vergleichbar mit einer dritten Haut umgibt uns der Wohnbereich und kann unsere Gesundheit beeinflussen. In diesem Buch werden die Bauökologie und die Wohnökologie praxisnah und verständlich dargestellt.
192 S., 13 Abb., 57 Graf., brosch., ISBN 3-924191-20-4

G. A. Ulmer: **Der Apfel als Quelle Ihrer Gesundheit!**
Darüber wird in diesem Buch berichtet: Der Apfel als Bestandteil einer vollwertigen Ernährung. Der Apfel als Vitalstofflieferant. Der Apfel als Vitamin-C-Träger. Der Apfel als Darmregulierungsmittel. Der Apfel für die schlanke Linie. Der positive Einfluß des Apfels auf die Haut und das Gemüt.
80 S., 13 Abb., brosch., ISBN 3-924191-60-3

Gertraud Radke: **Reisdiät – Gleichgewichtsdiät mit Aufbaukost**
In diesem Buch werden die Reisdiät und die Aufbaukost in allen Einzelheiten und mit vielen Rezepten beschrieben.
120 S., 2 Abb., brosch., ISBN 3-924191-43-3

G. A. Ulmer: **Zuckerkönig Glukorich –**
Die lebenswichtige Geschichte vom Zucker
Dieses Buch soll besonders für die Jugend ein Beitrag zur Festigung und Erhaltung der Gesundheit sein. Es wird auf die Gefahr eines einseitigen Zuckerverzehrs hingewiesen und die sich daraus ergebenden Folgen auf das Gesamtbefinden des Körpers.
48 S., 8 ganzform. Farbbilder, brosch., ISBN 3-924191-55-7

G. A. Ulmer: **Die besonderen Heilkräfte von Hafer und Hirse**
Hafer und Hirse zeichnen sich durch ihren Reichtum an Vitaminen, Mineralien, Faserstoffen und Spurenelementen aus. Kranke mit Schädigungen des Knorpelgelenks und Arthrose haben durch Einnahme von Hirseflocken Hilfe erfahren.
64 S., 13 Graf., brosch., ISBN 3-924191-46-8

G. A. Ulmer: **Gesund und schön durch Heilerde**
In diesem Buch werden die wertvollen Wirkstoffe und die vielen Anwendungsmöglichkeiten der Heilerde sowie neue Erkenntnisse über Stoffwechselregulierungen, Stärkung des Immunsystems und Vermeidung von Allergien aufgezeigt.
80 S., 14 Graf., brosch., ISBN 3-924191-51-4

Günter Albert Ulmer Verlag · 78609 Tuningen

G. A. Ulmer: **Ernährung mit Vernunft**
Wer nach einer gesunden Ernährung strebt, sollte dieses Buch lesen.
208 S., 18 Graf., 11 Abb., 100 Rezepte, brosch., ISBN 3-924191-12-3

Prof. Dr. M. Rimpler: **Die Dermapunktur-Fibel**
Die Dermapunktur-Methode bietet durch den neuartigen, medizinisch getesteten Anti-Schmerz-Roller erstmals eine physiologische Behandlungsmöglichkeit chronischer Schmerzzustände ohne Chemie und elektrischen Strom. Sie wirkt nicht nur schmerzstillend, sondern auch entzündungshemmend, durchblutungsfördernd, entschlackend und entspannend.
Die Dermapunktur-Methode ist für alle eine wirkungsvolle, einfach anzuwendende Massage-Technik. Ein aufschlußreiches Buch, das in jede Familie gehört.
160 S., 48 Abb., brosch., ISBN 3-924191-65-4

G. A. Ulmer: **Gib deiner Seele Schwingen und deinem Herzen neue Kraft**
Dieser Bildband gibt Anregungen, damit die Seele wieder schwingen lernt und das Herz neue Kräfte findet. Er zeigt Wege auf, wie die Fesseln der Vergangenheit gelöst werden können, und macht Mut, den Glauben zu entwickeln, auf die Gedanken zu achten und Sonne in das Leben zu bringen.
64 S., 15 Farbbilder, geb., ISBN 3-924191-58-1

G. A. Ulmer: **Gib deinem Leben einen neuen Sinn**
Aus dem Inhalt: Gefühle und Gedanken – Laß die Schatten hinter dir – Überwinde die Angst – Traurigkeit und Depression – Umgang mit der Bitterkeit – Was dich kränkt, macht dich krank – Aggressionen bringen Streß – Das Gefühl der Unzufriedenheit – Den Kurs ändern – Den inneren Frieden finden.
80 S., 7 Farbbilder, geb., ISBN 3-924191-63-8

G. A. Ulmer: **Müssen Sie als Christ Mitweltschützer sein?**
Hat die Schöpfung noch eine Zukunft? In diesem Buch werden Grundlagen aufgezeigt gemeinsamer Anstrengungen mitweltbewußter Christen als Verwalter von Gottes Schöpfung.
128 S., 25 Abb., brosch., ISBN 3-924191-38-7

Günter Albert Ulmer Verlag · 78609 Tuningen